Angelika Hager **Schneewittchenfieber**

ANGELIKA HAGER

Schneewittchenfieber

*Warum der Feminismus auf die Schnauze gefallen ist
und uns das Retro-Weibchen beschert hat*

www.kremayr-scheriau.at

ISBN 978-3-218-00928-7
Schutzumschlaggestaltung: Sophie Gudenus, Wien
unter Verwendung des Fotos »Jardin des Tuileries« aus der Serie
»Life once removed« von Suzanne Heintz, www.suzanneheintz.com
Typografische Gestaltung und Satz: Michael Karner, Gloggnitz
Druck und Bindung: Druckerei Theiss GmbH, St. Stefan i. Lavanttal

Inhalt

»Ja, sie nerven, die Retro-Weibchen und die sich
selbst zelebrierenden Vollvollzeit-Mütter, aber
Angelika Hager rückt ihnen mit Wut und Witz
zu Leibe. Als quasi bekennende Bekehrte weiß
sie, was sie dem Feminismus verdankt. Das lässt
hoffen, dass es auch Schneewittchen im gläsernen
Sarg zu eng werden wird. Bis dahin: sich mit
Texten wie diesem trösten.«
ELFRIEDE HAMMERL, Kolumnistin und Schriftstellerin (zuletzt: »Zeitzeuge«)

»Sie liest alles mit, sie belauscht das ganze Gender-
Gerede, von der Boulevard-Presse bis zur Politik,
von akademischen Aufsätzen bis zu den Facebook-
Statuszeilen ihrer Bekannten – und strickt eine
bitterböse Diagnose daraus. Das strotzt nur so von
(Selbst-)Ironie, Sarkasmus, Lästereien. Ja, Angelika
Hager steuert eine wirklich herzerfrischende
Garstigkeit zur feministischen Debatte bei.«
KATJA KULLMANN, Journalistin und Autorin
(»Generation Ally«, »Echtleben«)

»If you're going to tell people the truth,
be funny or they'll kill you.«
BILLY WILDER, Filmregisseur

»What fresh hell is this?«
DOROTHY PARKER, Schriftstellerin

Das Schneewittchen-Desaster

Die letzten Tage waren wir alle voll damit beschäftigt, meine Tochter schlecht zu behandeln. Wir konnten sie dennoch kaum zufriedenstellen. »Ist es zu viel verlangt, dass ihr mich wirklich gut schlecht behandelt?«, fragte sie ziemlich beleidigt.

Sie durchlitt gerade ihre Aschenputtel-Phase auf Video, CD und bisweilen sogar in Buchform. Gleich ihrer Heldin wünschte sie, in harschem Tonfall zur Ausführung niedriger Dienste gedemütigt zu werden. Vom Christkind hatte sie sich zu diesem Zwecke ein Bügeleisen samt Brett gewünscht. Stundenlang stand sie jetzt mit Leidensmiene in ihrem Zimmer und plättete grobes Leinen. Manchmal legte sie sich auch einfach in die Badewanne und stellte sich tot. »Ich bin Schneewittchen und das ist mein gläserner Sarg. Geh bitte weg, sonst schreckt sich mein Prinz!«

Meine Mutter wollte sofort eine Armee von Kinderpsychologen auf den Plan rufen: »Habe ich unter dem Kopfkissen Alice Schwarzer gelesen, damit meine Enkelin jetzt wieder klassisch-weibliche Erniedrigungsrituale auf sich nimmt?«

»Von mir hat sie's echt nicht«, flüsterte ich kleinlaut, »ich robote wie ein Depp, um Frauen aus den ehemaligen Kronländern beschäftigen zu können, damit sie diese Dinge für mich erledigen.«

»Mäuseweibi«, schleimte ich jetzt, »hör' doch auf mit diesem Schwachsinn. Bau' doch lieber einen Wolkenkratzer oder fahr' mit Barbie einen geheimnisvollen Kontinent entdecken.«

Sie sah mich an, als ob ich des Wahnsinns frisch gefangene Beute wäre.

»Mama, du bist leider ahnungslos. Ich will einmal einen anständigen Prinzen an Land ziehen«, sagte sie mir, »und in den Märchen schaffen das nur die Mädchen, die wirklich Furchtbares mitmachen. Ich sage nur Aschenputtel, Schneewittchen, Dornröschen.« Dann schleuderte sie kurzfristig ihren Plüschfrosch an die Wand und ertrug es mit Fassung, dass der sich nicht in einen jener Prinzen verwandelte, die in den Disney-Filmen wie Fronttänzer der kalifornischen Strippergruppe Chippendales aussahen.

»Schließlich«, so das Kind, »möchte ich später nicht wie du dauernd vor einem Computer sitzen und böse Cheffes haben, die mich andauernd anrufen, und müde sein. Dauernd müde sein ist mir einfach zu fad.«

Dem hatte ich nichts wirklich Brauchbares entgegenzusetzen.

Polly Adler

* * *

Und heute? Nun ja ...
Geistige Blondinen gehen gut.
Sogar sehr gut.

»Es ist so, wie ich immer befürchtet hab'«, sagte E, »Männer fühlen sich einfach wohler und geborgener mit geistigen Blondinen.«

»Find ich sauöd, diese Pauschalurteile«, machte ich jetzt auf Cheerleaderin der Hoffnung, »es gibt auch Prachtkerle, die erfolgreiche Frauen sexy finden.«

Sie schickte mir einen Babymuränen-Grinser, der den Untertitel »Träum' weiter, Baby!« trug. Dann erzählte sie mir von ihrem Experiment, das als Beweisführung ihrer These angelegt war. E hatte sich bei einer Online-Partnerbörse eingeklinkt und dort unter verschiedenen Namen und Berufen ihr Profil deponiert. Das laszive Foto mit »duckface«-geschürzten Lippen und die Beschreibung »Anschmiegsame, gepflegte Enddreißigerin sucht Königstiger zum Verwöhnen« variierte sie dabei jedoch nicht. Mit dem Fazit, dass E unter ihrer tatsächlichen Profession – selbstständige Wirtschaftsanwältin – ganze fünf Anfragen lukrierte, während in der gefakten Kategorie »Stewardess« 18 Interessenten auf Schatzi-Suche gehen wollten. Als triumphaler Bringer unter den zur Auswahl stehenden Branchen erwies sich jedoch der Job »Masseuse mit Fantasie«: 48 reichlich drängende Bewerbungen mit starkem Akademiker-Anteil. Da reagierte die Psyche des Mannes wie ohnehin befürchtet quer durch alle Bildungs- und Einkommensschichten ähnlich.

Nach dieser tristen Erkenntnis schleppten wir uns zu einem Abendessen. Der Mann der Gastgeberin, einer kraftvollen und medial dauerpräsenten Frontfrau in der Politik, stand am Herd und zauberte ein Pastagericht nach einem hochkomplizierten Rezept. »Und?«, fragte ihn einer der Herren, »was machen Sie eigentlich?« Er grinste breit: »I'm just the love machine.« Und nahm ein Vollbad in dessen pikiertem Blick.

»Siehst du, Schatzi«, flüsterte ich E zu, »es gibt sie doch, die coolen Jungs, denn der Typ ist einer der besten Herzspezialisten dieses Landes. Und trotzdem braucht sein Ego keine eigene Postleitzahl und er hat sogar noch den Nerv für eine kokett-ironische Inszenierung dieser psychosozialen Schieflage.«

»Ein vom Aussterben bedrohter Einzelfall«, beharrte E auf ihrem pessimistischen Männerbild, »am besten sofort ausstopfen und ins Museum stellen.«

Ich fürchte, sie hatte ein bisschen sehr recht. Und dachte an den Satz von Elsa Schiaparelli, der legendären italienischen

Modeschöpferin, die in den Zwanzigerjahren Paris aufgemischt und ihr eigenes Couture-Haus gegründet hatte. Gegen Ende ihres Lebens seufzte sie resigniert: »Männer verehren starke Frauen. Lieben können sie sie nicht.«

Der Biss in den vergifteten Apfel

>»Simone Beauvoir sagt: ›Gott bewahr!‹«
> NINA HAGEN, *Sängerin*

Die Frau, die Sie auf dem Buchcover sehen, heißt Suzanne Heintz und ist Ende dreißig. Für Frauen sind diese sogenannten besten Jahre auch im 21. Jahrhundert noch immer ein Tretminenfeld – vor allem, wenn sie unbemannt sind. Fräulein Heintz hatte die Nase voll von der ewig gleichen Frage, die ihr die Bekannten ihrer Eltern, ihre Putzfrau oder der Gemüsehändler ihres Vertrauens stellten: »Suzanne, du bist ein so nettes Mädchen, warum bist du eigentlich noch nicht verheiratet?«

Die Tatsache, dass Erfolg, Leidenschaft und Freunde in einem Frauenleben auch im 21. Jahrhundert wertlos zu sein scheinen, wenn man nicht dem traditionellen Gesellschaftskonzept entspricht und nicht »mit einem Mann, zweieinhalb Kindern und rundherum einem weißen Gartenzaun aufwarten kann«, animierte Heintz zu ihrer Aktion »Life Once Removed« und dem »Playing House Project«. Mit einem Schaufensterpuppen-Ehemann und einem Töchterchen aus dem gleichen Kunststoffmaterial inszenierte die in Denver lebende Konzeptkünstlerin Paar- und Familienidyllen »in Kodak-Momenten« in romantischen Höllen wie Paris, den Bergen von Colorado oder dem amerikanischen Vorgarten. Ursprünglich wollte Heintz mit diesen Zuckerguss-Szenarien den Absendern der in den USA üblichen Weihnachtskarten, auf denen meist Kernfamilien in bisweilen trügerischer Eintracht vor dem Kamin aufgefädelt stehen, den Mittelfinger zeigen. Doch das Projekt artete zum Performance-Aktionismus aus, der sich auch in einem Filmprojekt und einem Buch niederschlägt und weltweit von den Medien aufgegriffen wurde.

Als ihre knallbunten Retro-Satiren vor ein paar Monaten auf Facebook in Flächenbrand-Geschwindigkeit geteilt wurden, stand bei Suzanne Heintz das Telefon nicht mehr still. Sie hatte den Finger auf einen Zeit-Nerv gelegt. »Es ist doch wirklich absurd«, schrieb Heintz, »ich habe heute als Frau alle Möglichkeiten, um zur sogenannten Erfüllung zu finden. Doch am Ende des Tages ist man nur dann ›perfekt‹, wenn man diesen Traditionskonzepten auch entspricht. Eigentlich unbegreiflich. Schließlich leben wir im 21. Jahrhundert.«

Selfie, Selfie an der Pin-Wand ...

Reihenweise treten Frauen die Flucht in die Idylle an. Nennen wir das Virus Schneewittchenfieber. Es beschränkt sich nicht auf die 40plus-und-noch-älter-Gruppe, sondern grassiert quer durch alle Generationen.

Der Ausgangspunkt des Märchendramas »Schneewittchen« war bekanntlich der Schönheitswettbewerb zwischen der bösen Stiefmutter und der kleinen Prinzessin. Nahezu manisch stellen sich, vom Teenager aufwärts, Frauen heute so vehement wie in den Petticoat-Jahren die Frage »Spieglein, Spieglein an der Wand, wer ist die Schönste im Land?«

Statt Haaren so schwarz wie Ebenholz und einer Haut so weiß wie Schnee wollen sie diesmal Kleidergröße 34, Schmolllippen wie Angelina Jolie und wünschen sich häufig bereits zum 18. Geburtstag eine Brustvergrößerung. Das Durchschnittsalter für Essstörungen rattert rapide nach unten: Schon 13- und

14-Jährige machen ihren Körper zum Schlachtfeld, weil sie aussehen wollen wie Kate Moss oder die »It«-Bloggerin und Stildiktatorin Alexa Chung.

Nicht nur eine der Freundinnen meiner Tochter musste im Alter von 14, 15 Jahren unterernährt in eine Klinik eingeliefert werden. »Ich lebe in einer Blase«, sagt Anna, 17, seit ihrem 13. Lebensjahr Anorexie-Patientin, nach mehreren Aufenthalten in auf Essstörungen spezialisierten Einrichtungen, »in einer Essensblase. Besonders schwierig ist es, mein Problem in den Griff zu kriegen, wenn ich mit Mädchen zusammen bin, die auch in dieser Essensblase leben. Dann treten wir sofort und unausweichlich miteinander in Konkurrenz. Da gibt es dann den totalen Zickenkrieg wegen jedem Gramm mehr oder weniger.«

Der diabolische Kreislauf um die Frage, »Wer ist die überzeugendste Größe 34 im Land?«, ist dann einfach nicht mehr zu stoppen. Initiiert wurde er in Annas Fall nicht von einer bösen Stiefmutter, sondern von der leiblichen Mutter. Die hatte ihrer Tochter schon als Kind immer wieder erklärt, dass sie eigentlich für ihr Alter zu dick sei: »Nur damit meine Mama endlich Ruhe gibt und mich nicht dauernd damit quält, habe ich angefangen, mich zunehmend besessener zu kasteien. Jedes Gramm mehr ist in mir zu einer echte Katastrophe gewachsen.«

Das millionenschwere Supermodel Kate Moss, das den »heroin chic« und die damit verbundene Ausgemergeltheit in den Neunzigerjahren salonfähig gemacht und damit weltweit grünes Licht für Bulimie und Anorexie gegeben hatte, leistete sich knapp vor ihrem 40. Geburtstag anlässlich eines Jubiläums des Männermagazins »Playboy« eine bombastische Fotostrecke als Bunny mit Häschenohren und Nimm-mich-Blicken. Natürlich kann sie, bewaffnet mit ihrer Charisma-und-Geld-

Superpower, locker und spielerisch mit dem Rollenspiel des kuschelweichen Betthäschens umgehen. Ihre finanzielle Autonomie und berufliche Selbstbestimmtheit bewahrt sie davor, durch diese Inszenierung in einen tragischen Objekt-Status zu schlittern. Ohne diese Zutaten sähe sie auf solchen Bildern jedoch ganz anders aus der Wäsche.

Vollkommen Gaga

Auch der größte weibliche Popstar der Gegenwart, Lady Gaga, funktioniert nach einem ähnlichen Prinzip. Stefani Joanne Angelina Germanotta, so ihr bürgerlicher Name, machte uns glauben, dass sie nicht nur der monumentalste Star, sondern auch die größte Künstlerin auf dem Planeten ist. In Wahrheit ist sie jedoch nur die größte Kunstfigur – eine monströse Kopfgeburt an der Schnittstelle von unermüdlicher Selbstinszenierung, Nutten-Glamour, Pseudofeminismus, knallhartem Sexismus, Provokation als Pflichtprogramm und Popnummern am Rande der Gehirnwäsche. Eine Armada von Stylisten und der mächtige Apparat eines Plattenunternehmens fungierten als Geburtshelfer für ein Pop-Produkt, das wie »ein nachgemachtes laminiertes Rokoko-Möbelstück wirkt«, so die Philosophin Camille Paglia, die vor 20 Jahren Madonna und ihr explizites Video »Justify My Love« zum Triumphzug des postmodernen Feminismus erklärte.

Lady Gaga steht Madonna, der Pionierin des weiblichen Machotums und der gigantischen Selbstinszenierung, was ihre Macht im Popbusiness betrifft, um nichts nach. Sie kann sich genauso wie ihre Vorgängerin das Spiel leisten, sich als Sexualobjekt in Fetischfesseln zu inszenieren und in Nuttenfähnchen durch die Gegend zu staksen, denn jeder weiß, dass sie, wie sehr sie sich in diesen Show-Acts und Videoclips auch unterwirft und demütigen lässt, ganz allein die Kontrolle über ihre Lustspiele hat.

Nur ist inzwischen auch dieser ideologische Kunstgriff in die Jahre gekommen. Als Madonna in den Neunzigerjahren auf der Bühne und auf Fotos mit einem Kreuz masturbierte und Wasser aus einem Hundenapf trank, war das Vexierspiel mit den Versatzstücken der Pornografie und der Ästhetik des Sadomasochismus noch wirklich innovativ-explosives Territorium. Und hatte subversiven Charakter. Die Botschaft hinter den Schock-Acts lautete: »Ich bin die mächtigste Frau im Showgeschäft, und wenn ich aus einem Hundenapf fressen will, dann werde ich das auch tun. Ganz egal, wie ihr das findet ...«. Inzwischen wirken solche Einlagen natürlich auch etwas altbacken und angestrengt.

Pink!, Gwen Stefani und Christina Aguilera machten sich in den Nuller-Jahren in diesem Ich-bin-ein-Flittchen-Fahrwasser breit, ohne der Königin der Provokation je den Thron streitig machen zu können. Sie imitierten die frech-frivolen Outfits, kümmerten sich aber wenig um die Ideologie dahinter.

Die Popsängerin Christina Aguilera, die in ihren Auftrittskostümierungen an eine von der Geschmacksfee verwunschene Bordell-Debütantin im tiefsten Texas erinnerte, erfreute uns schon in ganz jungen Jahren mit dem Spruch: »Meine Oma hat immer gesagt: Christina, du siehst aus wie eine Nutte. Da habe ich ihr erklärt, dass das unser Konzept ist.«

Inzwischen twittert und instagramt sie auch unablässig ihren Babybauch und fährt auf einem ganz anderen Trip.

In Kenntnis der Popgeschichte befällt einen angesichts des Gagaismus fast so etwas wie Mitleid. Und Erstaunen, dass so viele Teenies völlig unreflektiert in das Produkt reinkippen.

Wenn Lady Gaga sich heute in einem Leder-G-String am Boden räkelt und sich in einem Gefängnishof von Brutalo-Lesben anmachen lässt, wirkt das beinahe so bemüht wie die Fruchtbarkeitstänzchen des betagten Sex-Derwisches Mick Jagger bei den Rolling-Stones-Konzerten, bei denen mittlerweile schon drei Generationen vereint ergriffen die Feuerzeuge schwingen.

Gagas Attitüde riecht außerdem streng nach Fake und Imitation. Sie hat Madonna geplündert, wo sie nur konnte. Selbst die platinblonde Schlampenfrisur und die dick schwarz umrandeten Augen hat sie sich aus dem Style-Fundus der »Blonde Ambition«-Periode geklaut.

Beauty-Bootcamps

Doch davon wissen die Mädchen, die kreischend in Lady Gagas Konzerten an vorderster Front stehen, nichts. Wahrscheinlich wollen sie auch nichts davon wissen. Angeheizt von den Lifestyle-Gazetten und Promi-Magazinen, die abgemagerte Stars und Models beim Workout, Posing, Shoppen und bei den Stylistinnen ihres Vertrauens zeigen und ihr Aussehen zu einer Art kämpferischen Mission machen, ist für die Teenies Schönheit oder die Anpassung an die dort propagierten Schönheitsideale kein Wahl-, sondern ein definitives Pflichtfach.

»Seit mehr als 200 Jahren protestierten Feministinnen gegen die künstlichen Bilder weiblicher Schönheit«, schreibt die britische Journalistin Natasha Walter 2010 in ihrem Buch »Living Dolls«, das die Unterzeile »Warum junge Frauen heute lieber schön als schlau sein wollen« trägt. »Von Mary Wollstonecrafts 1792 erschienenem ›Plädoyer für die Rechte der Frauen‹ bis zu Germaine Greers ›Der weibliche Eunuch‹

und Naomi Wolfes ›Mythos Schönheit‹ forderten scharfsinnige, zornige Frauen einen Wandel dieser Ideale. Doch statt allmählich zu verschwinden, wurden sie noch einengender und mächtiger als zuvor.«

Und es ist kein Ende abzusehen.

Die Aktivistin und Star-Frauenrechtlerin Germaine Greer ist heute über den Stand der Dinge entsetzt. Man hat sich daran gewöhnt, dass Cher, eine vermeintlich emanzipierte Frau, bar jeder Ironie ihre Schönheitsoperationen zu kommentieren pflegt:»Ich weiß nicht, wie oft ich dieses Gesicht noch zum Gehorsam zwingen muss.« Aber dass die kommende Generation in ihrer Gefallsucht genauso bedürftig ist wie die davor, ist tatsächlich desillusionierend.

Als Greer 1970 den »Weiblichen Eunuchen« schrieb, »fügten sich unsere Töchter noch keine blutenden Wunden zu oder hungerten sich zu Tode, um Barbies Evangelium, sprich: harte Brüste, schmale Hüften, lange Beine, zu entsprechen.«

Konsumwahn und Feminismus, da sind sich die Pionierinnen Schwarzer, Badinter und Greer einig, können einfach nicht zusammengehen.

»Madonna hat uns vorgetanzt: Erkenne die innere Hure in dir an, dann wirst du glücklich. Nur, Madonna ist reich. Ihre Promiskuität übersteht sie unbeschadet. Die kleinen Mädchen, die sie imitieren, haben keinen Penny. Womit auch dieses Konzept nicht aufgeht«, so Greer im Interview.

Für die Möglichkeit, einmal im Leben Schneewittchen zu werden und die Schönste im Land zu sein, nehmen junge Mädchen jede Form von Demütigung und Unterwerfungsritualen in Kauf. In der über x Staffeln laufenden Show der Beauty-Zuchtmeisterin Heidi Klum,»Germany's Next Topmodel«, lassen sie sich von dem ehemaligen Supermodel mit der Quietschstimme an die äußersten Grenzen ihrer Belastbarkeit peitschen – sie müssen mit Alligatoren schmusen, im freien Fall gute Figur machen und stundenlang im eiskalten Wasser plantschen. Wenn ihre Nerven zerbröseln und sie zu flennen beginnen, bis der Arzt kommt, bleibt die Kamera knallhart drauf und Heidi schwingt die Peitsche und hat dann auch noch, als ultimative Sanktion, für Tamara/Jessica/Aline »kein Bild«.

Ich habe mich immer wieder gefragt, warum diese Mädchen sich wie Schafe auf den Prellbock treiben lassen und nicht eine diesen Entwürdigungs-Parcours einmal mit einer Protestaktion sprengt. Die Studentin Hellen Langhorst, Aktivistin der feministischen Protestbewegung Femen, hat diesen Job dann endlich stellvertretend im Mai 2013 erledigt. Als sie mit nacktem Oberkörper, auf dem die Aufschrift »Heidi Horror Picture Show« prangte, auf den Catwalk sprang, brachte sie endlich jene Show aus der Spur, die wie ein Hybrid aus einem Gladiatoren-Spiel und einem Schönheitswettbewerb aus den Fünfzigerjahren daher kommt.

In einem »Spiegel«-Interview kommentierte Langhorst ihre Aktion: »Der Saal, in dem das Finale stattfand, war voller Mädchen von sechs bis 16 Jahren. In einer Pause fragte Klum dann: ›Wer will hier Topmodel werden?‹ Und alle schrien: ‚Ich! Ich! Ich!‹ Das ist schrecklich. Für eine ganze Generation wird Schönheit über Bildung gesetzt, in dieser Hinsicht sind Klum und ihre Show eine einzige Dreckschleuder.«

Natürlich sind die Femen-Aktivistinnen, die weltweit ihre barbusigen Statements setzen, alle foto- und kameratauglich. Da rennt keine Dicke mit müden Hüften bekränzt durchs Bild. Ein kluger, aber auch kontraproduktiver Schachzug. Denn man möchte dann doch nicht auf die Formel Feminismus plus Protest = optische Härte festgelegt werden.

Schneewittchen im Koma

Die Gefall- und Feedbacksucht hat im 21. Jahrhundert einen gigantischen Verstärker bekommen: Facebook hat längst die Rolle des Spiegels aus dem Grimm-Märchen übernommen. Täglich wird der narzisstische Marktplatz mit Abermillionen »Selfies« überflutet, in denen junge, aber auch späte Girlies mit wehenden Mähnen, »duckface«-Grimassen und Outfits, die, wie Jerry Cotton zu sagen pflegte, »nicht mehr als drei Stück Würfelzucker wiegen können«, eine klare Antwort auf die Frage »Wer ist die Schönste im Netz?« kriegen wollen. Mit nahezu manischer Obsession checken die »Selfieistas« dann im Minutentakt auf ihren Smartphones die »Like«-Angaben zu ihren Postings.

Um den Mordgelüsten der Stiefmutter zu entgehen, floh Schneewittchen bekanntermaßen in den Wald und fand Unterschlupf bei den sieben Zwergen. Für das Asyl in der Männlein-WG gab es aber Auflagen. Das Prinzip dieser Handelspartnerschaft lautete wortwörtlich: »Willst du unseren Haushalt versehen, kochen, betten, waschen, nähen und stricken, und willst du alles reinlich und ordentlich halten, so kannst du bei uns bleiben und es soll dir an nichts fehlen.«

»Von Herzen gerne«, flötete Schneewittchen laut den Gebrüdern Grimm und fand, dass das eigentlich ein Angebot war, das man nicht ablehnen konnte.

Sie putzte, schrubbte, war schön, kochte und fragte die Zwerge, wenn sie vom Erzabbau rechtschaffen müde nach Hause kamen: »Lieblinge, wie war euer Tag?« Diese nahezu perfekte Idyllen-Eintracht wurde aber leider durch die böse Stiefmutter und ihren vergifteten Apfel gestört. Schneewittchen biss in den Apfel, den ihr die verkleidete Rivalin untergejubelt hatte, und fiel leblos um. Die untröstlichen Zwerge verfrachteten das vermeintlich tote Schneewittchen in einen gläsernen Sarg, der Tag und Nacht von den Kleinwüchsigen, so der politisch-korrekte Terminus, und Tieren des Waldes auf einem hohen Berg bewacht wurde. Glücklicherweise kam ein Prinz vorbei, der nichts dabei fand, dass Schneewittchen so reglos dalag, und sie trotz ihres komatösen Zustands unter allen Umständen mit nach Hause nehmen wollte. So eine Braut, die nicht zurückreden konnte und von keinerlei Autonomie-Unfug geritten war, hatte schließlich auch was. Beim Transport der Glasbox fiel das fatale Apfelstück aus Schneewittchens Rachen und die Prinzessin, kaum hatte sie sich das Koma aus den Augen gerieben, dem Prinzen in die Arme.

Und wenn sie nicht gestorben wäre, putzte, schrubbte, kochte, versprühte Raumspray mit Erdbeergeschmack und strahlte sie noch bis heute für diesen Mann, der sie aus all ihrem Elend erlöst hatte.

Sinnkrise im Lipstick-Feminismus

Die weltweite »Sex and the City«-Hysterie liegt Jahre zurück. Man hatte nach dem Verebben des Hypes einfach genug von Carrie, ihrer Entchenstimme, ihren Manolos und den klebrigen Cosmopolitans, die eigentlich besonders grauenhaft schmeckten, doch wenn man die Serienbox heute wieder aus dem hintersten Eck seiner DVD-Sammlung hervorkramt, ist man perplex von der damals so tolldreisten Modernität dieser Fernseh-Frauen.

Jetzt einmal natürlich ganz abgesehen von der Figur Charlotte, die als wertekonservativer Anachronismus im Etuikleidchen durch ihre Sehnsüchte stöckelte und eine Parodie von Schneewittchen verkörperte – als eine Art Anti-Role-Model, das man nur drollig finden oder verachten konnte. Samantha, Miranda und Carrie hatten kapiert, dass die Fröste der Freiheit extrem rau sein konnten, es aber durchaus auch Spaß machen konnte, das schlechte Benehmen der Männer zu imitieren.

Im fünften Jahr ihrer Serienexistenz wurde Carrie Bradshaw jedoch in eine zermürbende Sinnkrise gestürzt. Anlässlich ihres 35. Geburtstags stellte sie sich die Frage, ob sie in ihrer Männerzukunft die Strategie der katholischen Kirche verfolgen solle, die »einfach alles nimmt, was sie kriegen kann«.

Die andere Option wäre, »wie ein nicht abgeholtes Schneewittchen weiter im gläsernen Sarg vor sich hin rotten«, in der Hoffnung, dass Prinz Right doch noch einmal seinen Schimmel aus der Parkgarage holt und sich zu einem Erweckungskuss durchringt. Zusätzliche Alternativen, etwa auch ohne den verdammten Prinzen aufzustehen, den vergifteten Apfel der Illusionen auszuspucken, sich die mit trauten Haushaltsgeräuschen bespielte CD für entkräftete Singles »Nie mehr allein« zu kaufen und zur nächstgelegenen Samenbank zu stechen, erwog sie nicht.

Am Ende der Serie hatte Carrie ihr Schneewittchen-Happyend und tanzte mit Mr. Big ins Glück. Wir wandten uns mit Grauen ab – der Mann hatte sie sechs Staffeln lang sauschlecht behandelt, das kam einem Verrat gleich. Und für den russischen Künstler-Idioten Petrofsky mit seiner narzisstischen Superstörung davor hatte sie ihre Existenz als Kolumnistin an den Nagel gehängt. Wir mussten doch schon sehr bitten!

Inzwischen ist diese erwartungs- und retrofrohe Schneewittchen-Attitüde durchaus wieder salonfähig.

Als Sarah Jessica Parker ihrer Rolle als rebellisch-hedonistische Sexkolumnistin Carrie Bradshaw 2004 den Abschiedskuss auf die Stirn gedrückt hatte, stand sie unter dem Druck, ein neues Image aus dem Boden stampfen zu müssen und gab dementsprechend notorisch Interviews. Sogar mir. Die Frau muss sich nach dem Ende von »Sex and the City« offensichtlich wirklich Sorgen um den weiteren Fortgang ihrer Karriere gemacht haben. Während des Gesprächs brachte ich das Thema auf eine Covergeschichte des Nachrichtenmagazins »Time« aus dem Jahr 1998, das die vier »Sex and the City«-Darstellerinnen mit der rhetorischen Frage »Wer braucht schon einen Ehemann?« abgebildet hatte.

Parker zupft an ihrem schwarzen Satinhaarband: »Wissen Sie, ich war ja in diesem Fall nur das Sprachrohr und nicht der Botschafter. Wir haben natürlich dazu gedient, eine Art Lipstick-Feminismus zu propagieren, der nach dem Motto funktionierte: ›Hey, du hast das Privileg der Wahl. Ob Mann oder Karriere oder beides: Du bestimmst, was du aus deinem Leben machst.‹«

Diese Sätze könnten dem Phrasenrepertoire eines Glücklichsein-leicht-gemacht-Seminars einer Volkshochschule entsprungen sein. Schließlich, so merkt man an, habe der Lipstick-Feminismus inklusive des Slogans »Du kannst alles haben« viele Frauen mit Katerstimmung in der ideologischen Ausnüchterungszelle zurückgelassen.

»Stimmt leider«, sagt Sarah Jessica Parker, »für eine Zeit hat unsere Generation wirklich geglaubt, wir können alles – Erfolg im Job, daneben ein erfülltes Sexual- und Beziehungsleben, Mutter sein, und zwischendurch kommt auch noch schnell der Personal Trainer für ein paar Yoga-Stündchen, damit der Körper das Size-6-Gebiet nicht verlässt. Das war zu viel.«

Natürlich lebt Parker bis heute genau diese Art von Leben. Und wird in ihren Selbstinszenierungen auch immer »vermutterter«, indem sie sich ständig mit ihren Kindern auf dem Spielplatz und beim Shoppen ablichten lässt. Diese Form von Predigt sendet eine ganz klare Botschaft. Sie signalisiert: »Was ist Erfolg und Macht denn schon? Nur so ist mein Glück auch vollkommen!«

Selbstverwirklichungs-Amazonen

Früher bekam man als Frau Ohrfeigen für jegliche auch noch so zaghaften Schritte jenseits des Trampelpfads. Heutzutage scheinen sich viele freiwillig auf diesen zu begeben, obwohl sie gar nicht müssten – aus purer Bequemlichkeit.

Dass Coco Chanel, Katharine Hepburn, Marlene Dietrich und Romy Schneider für ihre Egotrips von der Industrie und auch von ihren Männern abgestraft wurden, ist bekannt, doch diese Frauen existierten in einer Zeit, in der das Klima noch viel grauer und rauer war. Eine meiner ewigen Lieblingsschauspielerinnen ist Katharine Hepburn. Sie lebte nach dem Motto: »Wenn man immer das tut, was man will, hat man es am Ende wenigstens einer Person recht gemacht: sich selbst.«

Halsstarrig widersetzte sie sich dem Konzept der konzessionsbereiten Diven, der Traumfabrik in der Rolle der Modelliermasse zu dienen. Jenseits der Filmsets brüskierte sie die Verwalter ihres Image-Kapitals, indem sie in zerfetzten Khakihosen, verwaschenen Hemden und ungeschminkt durch die Realität zog. »Ich will kein Gesicht«, sagte sie, »das aussieht, als ob es von der Druckmaschine einer Briefmarken-Produktion gerollt wäre.« Wenn wir die photogeshopten »Vogue«- und »Vanity Fair«-Cover von Kate Winslet, Sophie Marceau oder Keira Kightley ansehen, wissen wir, dass heute alle solche Briefmarken-Gesichter wollen. Hepburn wurde von der Presse und der Industrie als »flachbrüstige Vogelscheuche« geschimpft oder »Amazone« genannt, was im damaligen Wertesystem alles andere als eine Respektbezeugung war.

Sie kaufte die Rechte am Broadway-Hit »Philadelphia Story« und verkaufte das Paket, inklusive Regisseur und Cary Grant, an die feinste Studioadresse MGM, und das in einer Epoche, in der mit Schauspielerinnen in der Filmindustrie noch nach dem Geschäftsmodell des Sklavenhandels umgegangen wurde. Das machte ihr wenige Freunde. Am Ende ihres Lebens hatte sie am Tor ihres Anwesens das Schild »Please go away« baumeln. Aber sie hatte es sich selbst recht gemacht. Auf ihren Grabstein ließ sie den stolzen Satz »Exit Glamour« meißeln.

Vor ihrem Tod zog sie Bilanz: »Nur wenn sich eine Frau entscheidet, keine Kinder zu haben, kann sie wie ein Mann leben. Genau das habe ich getan.«

Als Madame Bovary, die tragische Heldin aus Gustave Flauberts gleichnamigem Roman, endlich ihren lange erwarteten Sohn gebar, legte ihr literarischer Schöpfer ihr folgende Gedanken in den Kopf: »… Dass ihr Kind ein männliches Wesen sein werde, war eine Art zukünftige Rache für ihre eigene Ohnmacht in der Vergangenheit. Ein Mann ist wenigstens frei; er kann Leidenschaften und Länder erkunden, Hindernisse überwinden und kostet das fernste Glück. Eine Frau aber ist ständig eingeschränkt.«

Das Buch erschien 1857. Und entzündete damals einen veritablen Skandal. So modern und freiheitsliebend hatte, jetzt einmal abgesehen von Lew Tolstoi in »Anna Karenina«, noch kein Schriftsteller im 19. Jahrhundert die »via dolorosa« einer Frau beschrieben, die die Barrieren der Konventionen niedergerissen und auf ihr Recht auf Selbstverwirklichung gepocht hatte. Natürlich mussten beide Damen für ihre so ordnungsgefährdenden Ambitionen bitter bezahlen.

Wenn ich heute Gustav Flauberts Zeilen lese, habe ich nicht das Gefühl, dass seither wirklich 157 gesellschaftspolitische Jahre vergangen sind und wir uns in einem wohltuenden Sicherheitsabstand von solchen zermürbenden Grübeleien in Frauenhirnen befinden. Madame Bovarys Befürchtungen wirken erschreckend heutig.

Denn die Luft riecht nach Backlash, und zwar weit intensiver als noch vor ein paar Jahren, auch in der Generation der Spätzwanziger und Mitdreißiger. Und da nicht nur im wertekonservativen Lager, sondern durchaus auch bei den liberalen, hochgebildeten, eher im linken Ideologie-Territorium beheimateten Frauen.

Die neue Brut-Mafia

Ich kenne einige sehr erfolgreiche Männer in ihren Anfangs-Vierzigern, deren Frauen, allesamt mit Bildung und Ausbildung im Handgepäck, dennoch »daheim bleiben«, sich wohlig in ihrer finanziellen Abhängigkeit räkeln und ihr Berufsleben bestenfalls als Teilzeitprogramm anlegen.

In meiner Arbeitswelt stolpere ich immer wieder über Jung-Mütter, die gegen vier Uhr nervös auf die Uhr schauen und im Auge des Taifuns, also bei Deadline-Hochdruck, ihren Team-Spielern zuflüstern: »Ich muss jetzt leider wirklich nach Hause. Zu meinem Kind.«

Ihr Unterton lässt mitschwingen, dass sie mit keinerlei Widerstand rechnen. Und ihre Mutterschaft mit Hochamts-charakter zelebrieren. Mir wäre ein solcher Satz in einer ähnlichen Situation so nicht über den Mund gekommen. Viel zu unkühl.

Doch jetzt ist es plötzlich alles andere als »uncool«, die Fortpflanz-Pflege als Aufgabe, die über alles andere erhaben ist, zu reihen. Es gilt plötzlich auch gar nicht mehr als spießig, mit verklärtem Blick, den neuen Lebensinhalt in einem todschicken Bugaboo-Flitzer, als »Macchiato«-Mommy sein Berufsleben auf die Pause- oder gar die Stopptaste zu setzen. Und mehr oder weniger entspannt in den »bobofizierten« Marktvierteln zu sitzen und »seinen Mutter-Chauvinismus«, so die US-Kolumnistin Katie Roiphe, mit gleichgesinnten Bugaboo-Lenkerinnen auszuleben.

Im Netz existieren zahlreiche Blogs, in denen mitteljunge, im Besitze ihres Verstandes befindliche Frauen allen Ernstes Gleichgesinnte über die neueste Baby-Fashion auf dem Laufenden halten (»Stella McCartney hat sich da einen supersüßen-superpraktischen Sweater ausgedacht, den Ronja/Goia/Lea/Rufus/Quentin auch schon sehr cool findet«) und sich gegenseitig über die »tollen Gefühle der Mutterschaft interviewen«. Ja, offensichtlich ist ein Leben, das etwas von einem Ralph-Lauren-Spot atmet, wieder durchaus erstrebenswert geworden. Egal ob die neue Fürstin von Monaco oder mittelklassige Weltstarlets, TV-Moderatorinnen oder Lotto-Feen »ein süßes Geheimnis unter dem Herzen tragen« und »so glücklich aussehen wie noch nie«: Fortpflanzungs-News, Schwangerschaftsmode-Ratings und Tipps und Tricks gegen die Babyspeck-Offensive pflastern flächendeckend Promi-Reportagen und Celebrity-Magazine. In den Interviews, die die Neo-Mütter von Kim Kardashian abwärts, kaum haben sie ihre Babies abgenabelt, in die Mikrofone hauchen, werden immer die gleichen Phrasen strapaziert: »Jetzt zählt nur mehr mein Baby!«, »Mein Leben hat sich total verändert«, »Das ist die tollste Erfahrung, die ich machen durfte«, »Wenn ich mein Kind lächeln sehe, wird alles andere bedeutungslos«.

Eine kinderlose Freundin und sehr erfolgreiche Drehbuchautorin, die in einem Wiener Viertel von hoher Bobo-Dichte lebt, stöhnte unlängst: »Diese Chauvi-Mütter rammen dir sogar die Wagenräder beim Anstellen im Gemüseg'schäft in die

Kniekehlen – mit dieser Selbstherrlichkeit: ›Platz da, denn ich habe Leben geschenkt‹. Es ist eine Art von Brut-Mafia.«

Als deutsches Eldorado für diese neue Mütterherrlichkeit gilt das Berliner Viertel Prenzlauer Berg – es ist das Gebiet Europas mit der höchsten Kinderdichte. Angesichts der vielen putzig-hippen Vorzeigefamilien mit ihren bewussten, Hipster-frisierten und Converse-tragenden Vatis und den voll Anti-Karriere-gepolten Nerdbrillen-Muttis fühlen sich dort nicht fortgepflanzte Singlemenschen entweder wie die größten Loser auf diesem Planeten oder einfach nur genervt von dieser Montessori-Diktatur, die wenig Raum für Mitbürger mit anderen Lebenskonzepten lässt.

Kinder mit Stimmen wie Motorsägen, die – weil sie ja ihrem Ausdruck freien Lauf lassen sollen – ungetadelt von ihren Eltern in den Cafés und Smoothie-Bars ganze Tischgesellschaften zum Verstummen bringen, sind in solchen Wohnvierteln an der Tagesordnung. Sollte man in diesen Gefilden auch nur die Augenbraue einmal kurz entnervt hochziehen und mit seinem Blick sowas wie »Versucht es doch einmal mit Erziehung!« signalisieren, wird man ratzfatz zur Kinderhasserin stigmatisiert.

Nur damit hier keine Missverständnisse aufkommen: Ich finde Kinder großartig. In meinem Leben hätte etwas gefehlt, wenn mir diese Erfahrung verwehrt geblieben wäre, nur dieser Ich-bin-jetzt-vor-allem-Mutter-Theaterdonner nervt genauso wie das Wir-sind-so-verdammt-bewusste-Eltern-Gepose, das besonders bei spätberufenen Vermehrten systemimmanent zu sein scheint.

»Mutterschaft ist heute eine wahre Sklaverei«, hatte Simone de Beauvoir vor über 60 Jahren gewarnt. Wenn man die aktuelle gesellschaftliche Großwetterlage betrachtet, kann man ihr nur auf die Schulter klopfen und den Zusatz hinzufügen: »Und diese Sklaverei ist heute noch dazu selbst gewählt!« Denn schließlich hätten die meisten die Möglichkeit, auch noch andere Zusatz-Farbkarten zur Gestaltung ihres Frauendaseins zu wählen und ein Kind in ein Berufsleben zu integrieren.

Die amerikanische Feministin Susan Faludi schrieb in ihrer resignativen Bilanz »Backlash«, dass diese Trendstorys, in denen ständig irgendwelche Supermodels und Seriendarstellerinnen mit hormonumnebeltem Blick die Hände über ihrem gerundeten Bäuchlein verschränken, eine Art »moderne Predigt« seien. Alice Schwarzer, die ich im Laufe von fünf mehrstündigen Interviews kennen und lieben gelernt habe, weil sie nicht nur schrecklich klug, sondern auch gelassen und sehr humorvoll ist, fügte in einem unserer Gespräche hinzu: »Dieser flammende Mutterschaftswahn ist auch eine Art Beschwörung, wie es sein sollte, nicht, wie es ist. So lässt es sich erklären, dass in Zeiten sinkender Kinderfreudigkeit in den Medien andauernd runde Bäuche abgebildet werden.«

Dass gerade im deutschsprachigen Raum dieser Mutterkult gegenwärtig auf so hoher Temperatur brodelt, begründete die Schwarzer »mit dem toxischen Erbe des Nationalsozialismus«, in dem ein florierendes Mutterwesen bekanntlich ausreichend Männermaterial für die kommenden Welteroberungszüge garantieren sollte.

Trostlose Karriere-Furien

Als ich meine Tochter vor zwanzig Jahren in die Welt setzte, hätte ich mir, wie schon erwähnt, eher die Lippen blutig gebissen, als bei hohem Adrenalinpegel in der Redaktion so einen Satz zu sagen wie: »Alles schön und gut, aber rotiert ihr jetzt alleine hier weiter. Ich bin dann mal weg, denn ich muss jetzt einmal bei meiner Work-Life-Balance nach dem Rechten sehen und meinem Augenstern ein Zwergzucchinipüree zaubern, ihm dann eine Stereotypen-gesäuberte Geschichte von einem gewaltphobischen Drachenbaby zum Einschlafen vorlesen und danach mit meinem Mann bei einem schönen, biologisch gekelterten Veltliner die Montessori-Schmieden in der nächsten Umgebung scannen.«

Ich wollte schließlich auch im Job wie ein Kerl behandelt werden. Gleiche Funktionstüchtigkeit, gleiches Geld, gleiche Anerkennung. Ich wollte nicht weniger gelten, weil ich ein Kind hatte, das ich noch dazu nahezu alleinerziehend über den Berg bringen musste. Ich wollte in der ersten Liga mitspielen.

Wenn mein Fortpflanz krank war und ich Frontdienst in der Redaktionsstube zu leisten hatte, wurden Großmütter, der Vater, Freundinnen oder geheuerte Babysitter auf den Plan gerufen. Als sie noch winzig war und gestillt wurde, lebten wir afrikanisch. Ich schnallte sie um und stellte sie im Kinderwagen in mein Büro. Es war großartig, dass sie da war. Aber ich wollte nicht nicht arbeiten. Und meine Tage nicht auf einem Spielplatz verbringen mit anderen Müttern, die über ihre Kinder wie über Rennpferde mit noch unausgeschöpftem Siegerpotenzial sprachen und einen durchgedrungenen Milchzahn wie einen Durchbruch in der Syrien-Krise feierten. Ich liebte meinen Job. Ohne meinen Beruf wäre ich nur ein halber Mensch gewesen.

Heute bekomme ich von diesen 35plus-Vollzeit-Müttern mit elendslangen Karenzzeiten und Teilzeit-Jobs nur mitleiderregende Blicke, wenn ich diese Storys erzähle. Ihre Blicke signalisieren: »Trostlose Karrierefurie, die das Wertvollste, was das Leben zu bieten hat, nicht zu schätzen wusste!«

Ich komme mir beim Erzählen dieser Geschichten auch ein bisschen wie eine Kriegsveteranin vor. Dabei habe ich dazu wirklich keinen Grund. Denn es gab gar keinen Kampf. Ich bin eigentlich in einem gemachten Bett aufgewacht. Mit der Freiheit der Wahl, mein Leben zu gestalten. Ich konnte jede Bildung und Ausbildung haben, die ich wollte. Die Frage »Kind oder Karriere?« musste ich mir nie stellen. Meine Eltern waren nicht reich, aber ich bin in einer bildungsprivilegierten Schicht aufgewachsen. Ich bekam kein Auto und keine Wohnung, aber tonnenweise Bildung. Es erschien mir völlig normal, dass ich das Recht auf Kind ebenso wie auf Karriere hatte, die Entweder-oder-Entscheidungsfrage längst auf der ideologischen Entsorgungsdeponie gelandet war und man sich nicht weiter damit befassen musste.

Beklemmende Diskurswippe

Wie sehr ich mich damit geirrt habe, zeigt die Debatte, die im Sommer 2012 die westliche Medienwelt beherrschte. In dem hochklassigen linksliberalen Magazin »The Atlantic« hatte die Princeton-Professorin Anne-Marie Slaughter mit dem Artikel »Warum Frauen noch immer nicht alles haben können« die Karten auf den Diskurs-Tisch gelegt. Der Artikel war zuallererst ein Selbstbekenntnis und Versagenseingeständnis: Slaughter hatte sich letztendlich dazu entschlossen, ihren Job im Beraterteam der damaligen Außenministerin Hillary Clinton an den Nagel zu hängen, weil sie doch lieber eine verlässliche Konstante im Leben ihrer beiden pubertierenden Söhne sein wollte. Besser pünktlich am Elternsprechtag und ganz vorne auf der Zuschauertribüne beim alljährlichen Sportfest mit der kleinen Videokamera sitzen, als die Weltrettungsweste überzuziehen und am Krisenherd nach dem Rechten zu sehen. Denn – Karriere hin oder her – das schlechte Gewissen ist doch, egal wie hoch oben man sitzt, immer mit von der Partie,

war die Botschaft, die eine weltweite feministische Diskurswippe in Gang brachte. Und damit entsprechende Verwirrung,
aber auch Befremdung auslöste. Man verstand ihr Problem
nämlich nicht wirklich.

Denn Frau Professor Slaughter war 54 Jahre alt und ihre Söhne hatten das Windelalter weit hinter sich. Ihre Elternschaft
teilte sie mit einem ebenso gut verdienenden Mann. Im Gegensatz zur immer als deprimierendes Beispiel so gerne bemüh-
ten Supermarktkassiererin dürfte Frau Slaughter keinerlei finanzielle Schwierigkeiten haben, pädagogisch hoch versierte
Supernannies zu ihrer Entlastung zu heuern. Man konnte gerade in ihrem erderschütternden Fall das Dilemma nicht nach-
vollziehen. Würde das Leben ihrer Söhne wirklich so viel besser werden, wenn ihre Mutter stressfrei, aber möglicherweise
frustriert, zu Hause säße und immer wieder mit einem Blech
frisch gebackener Schokomuffins antanzte? Abgesehen davon
war es äußerst irritierend, dass gerade aus dem demokrati-
schen Lager eine solche längst tot geglaubte Frage aufgebracht
worden war. Und mit was für einem weltweiten Echo!

Ich bekam echte Beklemmungszustände, als ich feststell-
te, dass man sich nach Erscheinen dieses Artikels hochseriös,
quer durch alle Lager und ohne den leisesten Hauch von Ironie einen ganzen Sommer lang mit dieser Warum-wir-nicht-
alles-haben-können-Problematik auseinanderzusetzen hatte.

Vielleicht war die Ursache des Dilemmas ja ganz einfach
zu erklären. Möglicherweise war es ja einfach nur falsch, mit
heraushängender Zunge der Illusion hinterherzujagen, dass
wir alles haben könnten und auch sollten. Wahrscheinlich
war es einfach zu viel verlangt gewesen, ein Leben mit einem
Liebling-wie-war-dein-Tag-Mann, der am Wochenende schon
einmal ohne Kastrationsängste eine Pestosauce anrührt und
nicht während der Dinnerparty mit einer Geliebten smst, zwei

Montessori-getrimmten Kindern und einer befriedigenden Karriere zu wollen.

Vielleicht bräuchten wir einfach alle viel mehr Mut zur Imperfektion. Zum Chaos. Zur Irritation. Und dem nicht Kalkulierbaren. Zerronnene Wimperntusche und Laufmaschen in den Strümpfen und der Seele inklusive.

Ich begann wieder die Bücher von Alice Schwarzer, Germaine Greer und Simone de Beauvoir, die ich längst weggelegt hatte, hervorzukramen. Ich hatte sie seit meinen Mitdreißigern allerhöchstens mit spitzen Fingern angegriffen. Wahrscheinlich hatte meine Mutter sie mir zu oft ans Herz gelegt.

Aus den Seiten dieser Werke, so hatte ich früher gefunden, fegten einem Frustration, Verbitterung und eine geballte Ladung Männerfeindlichkeit entgegen. Außerdem empfand ich diese Art von Dauerweinerlichkeit als richtig unsexy. Der Begriff Emanzipation beschwor vor meinem inneren Auge Cinemascope-große Bilder von Epilierungsträgheit in Form von Achselhaar-Wäldern und Schlimmerem, bequeme, weil flache Schuhe und sackförmige Kleider in Tarnfarben.

Ich dachte mir, nett, dass da einige dieser Tanten ihre BHs auf den Scheiterhaufen des Patriachats geworfen haben, aber ich möchte bitte meinen behalten und er sollte, wenn irgendwie möglich, von »La Perla« sein.

Aber zunehmend begann ich mich für diese borniert, dumme und arrogante Haltung zu schämen. Alice Schwarzer war wichtig. Weit wichtiger, als ich gedacht hatte. Wenn nicht sogar überlebenswichtig. Genauso wie Johanna Dohnal, die erste österreichische Frauenpolitikerin, die sich gegen die Boyband in der Politik aufgelehnt hatte. Oder wie Germaine Greer, australische Frontfrau der 68er-Bewegung, die ihre Bankrotterklärung des Feminismus in dem Buch »Die ganze Frau« bereits im Jahr 2000 formuliert hatte. Elfriede Hammerl, die große »profil«-Kollegin, die seit Jahrzehnten mit ihrem klaren, analytischen Verstand die gesellschaftlichen Gender-Schieflagen in unserem Magazin scharfsinnig kommentiert. Elisabeth Badinter, diese hochelegante Pariser Denkerin, die mit ihrer knallharten Buchpolemik »Der Konflikt«, in der sie die Bedeutung ihrer Weiblichkeit über die der Mutterschaft gestellt hatte, eine Empörungswelle provozierte. »Diese Frauen begreifen alle nicht, dass das Muttersein nur ein Abschnitt in ihrer Biografie sein wird«, rief sie nahezu empört bei unserem Interview in ihrer Pariser Wohnung, »und ihnen nach dem Flüggewerden ihrer Kinder eine große Leere droht.«

Über all diesen polemischen Amazonen thronte natürlich Madames Lehrmeisterin Simone »Gott bewahr« de Beauvoir, wie Nina Hagen in ihrer Punk-Ballade »Unbeschreiblich weiblich« sang. Ich begann erst spät den Mut und die Lust am Sprung ins kalte Wasser all dieser Wegbereiterinnen mit der gebotenen Ehrfurcht zu begreifen. Langsam kapierte ich, aus welcher gewaltigen Fallhöhe diese Frauen agiert hatten. Natürlich waren sie für ihr Denken und ihre Forderungen mit Spott und Häme übergossen worden und senkten dennoch ihre Häupter keinen halben Zentimeter tiefer. Beleidigungen wie »Hängetittenhexe« lagen da noch im mittelgemeinen Bereich, wie mir die Schwarzer erzählte.

Und natürlich hatte der Begriff Patriarchat in der Darstellung dieser Frauen etwas von einer bedrohlichen, finsteren Macht, so wie der Zauberer Voldemort in den Harry-Potter-Büchern.

Talentlos für diese »rosarote Hilflosigkeit«

Im Laufe meines Berufslebens hatte ich das Patriachat nie als etwas Böses oder Bedrohliches empfunden. Denn die Männer, die sich vor mir munter in ihren Chefsesseln drehten, fanden mich sehr unterhaltsam, hatte keine Angst vor mir, förderten mich und ermöglichten mir vieles. Ich war natürlich auch deswegen pflegeleicht, weil ich nie von Ambitionen geritten war, nach Macht und deren Positionen zu greifen.

Das ewige Lamento von der Gleichstellung und der Lohnschere hatte ich lange für einen blanken, spaßbremsenden Anachronismus von irgendwelchen ewiggestrigen Frust-Tanten gehalten, denn schließlich lief doch ohnehin alles bestens. Für mich zumindest. Und die Frauen, die ich kannte.

Wir hatten alle wenig Kontakt mit der berühmten Supermarktkassiererin, die um fünf Uhr morgens aufstand, um vorzukochen, ihre Kinder dann schulfertig machte und es um ein Drittel weniger Lohn als ihre männlichen Kollegen am Warenband acht Stunden täglich klingeln ließ.

Die Männer, die in meinem Bett lagen und an meinem Tisch saßen, erzählten mir außerdem immer wieder überzeugend, wie fantastisch sie starke Frauen fänden. Wie sehr sie diese Prachtexemplare bewunderten. Und dass sie mit weiblichem Erfolg überhaupt kein Problem hätten. Wirklich null Problem. Im Gegenteil – das sei richtig sexy.

Doch irgendwann begann ich stutzig zu werden. Denn genau die, die mich so großartig fanden, weil ich frech, selbstverwirklichungshungrig und autonom war, hauten in der Folge in Nacht-und-Nebel-Aktionen ab, um mit Frauen aus »Assistentinnen«-Branchen neue Beziehungen oder auch Familien zu gründen. Mit solchen eben, die ihre Schutzinstinkte mobilisierten. Und die sie – volle Kraft voraus – bewunderten. Und keine sonderlichen Ansprüche an ihr eigenes Berufsleben stellten.

In der Disziplin »Adorieren, aber richtig« hatten meine Freundinnen und ich leider ein »Mangelhaft« mit drei Rufzeichen. Wir besaßen auch null Talent dafür, diesen Ich-bin-ein-armes-angeschossenes-Reh-Blick in der Tradition von Lady Diana zum Einsatz zu bringen. Es hätte uns so vieles um so vieles leichter gemacht. Aber wir waren einfach absolute Nieten darin, unsere »rosarote Hilflosigkeit«, wie das Glamourgirl der Zwanzigerjahre, Zelda Fitzgerald, es einmal nannte, zu mobilisieren und glaubwürdig zu inszenieren. Dafür mussten wir bezahlen.

Der Preis war und ist hoch, aber ich würde ihn jederzeit wieder auf den Tisch legen. Mein Beziehungsleben lief, ehrlich gesagt, nicht besonders glück- und segensreich. Ich hatte einfach keine Lust, mich kleiner zu machen und eine Pointe zu verschlucken, damit mein aktueller Lebensabschnittspartner besser schlafen konnte. Das kam auf Dauer natürlich nicht so gut.

Einmal bekam ich von einem Mann den Wanderstab in die Hand gedrückt, weil ein gender-unsensibler Kellner im Restaurant mir nach der Bestellung das Weinglas mit dem Probierschluck in die Hand gedrückt hatte, und nicht meinem Gegenüber. Der Abend war im Eimer und die Beziehung später natürlich auch.

Die Eigenschaft mit dem allergrößten Sexappeal ist die Selbstironie, und das gilt für beide Geschlechter.

»Haben Sie irgendwann einmal schon von einem Mann gehört, der mit seiner Vorgesetzten durchgebrannt ist?«, fragte Maureen Dowd, die Kolumnistin mit dem Schwertmaul der »New York Times«, vor einigen Jahren in ihrem Buch »Are Men Necessary?«, »ich höre immer nur von welchen, die wegen der Sekretärin alles stehen und liegen gelassen haben. Da hat sich seit den Fünfzigerjahren nichts Wesentliches verändert.« Dass der Wind in diese Richtung weht, begründet sicher auch den weltweiten Erfolg der Retro-Fernsehserie

»Mad Men« mit ihren promisken, Tom-Collins-schlürfenden Machosauriern und den Miss-Moneypenny-Derivaten von Frauen. In diesem Universum gab es, genderpolitisch betrachtet, ganz klare Vorgaben, die auch durch nichts zu diskutieren waren. Powerfrauen existierten damals nicht, die waren höchstens im Powder-Room, um sich ihre glänzenden Näschen abzumatten und dann wieder auf die Schöße ihrer Vorgesetzten zu springen. So geht es jedenfalls bei »Mad Men« am laufenden Band zu.

Und heute? Heute evoziert der Begriff Powerfrau, der in den Achtzigerjahren so überstrapaziert wurde, nicht nur ein gewisses Allergiegefühl unter den 40plus-und-mehr-Männern. Auch bei den Männern der Generation Y können selbstbestimmte Frauen durchaus noch Irritationen erzeugen.

Auf einer wohltuend generationsdurchmischten Party habe ich eine 24-jährige Schriftstellerin kennengelernt, die auf dem deutschen Buchmarkt mit ihrem Debütroman wie eine Rakete durchgestartet war. Sie war wunderschön, aber auch traurig. Ihr jahrelanger Freund hatte sie, nachdem die Welle des Erfolgs durch ihr Leben geschwappt war, verlassen. Bis zu dem Zeitpunkt, wo im Feuilleton Hymnen über ihr Debüt verfasst worden waren, war zwischen den beiden alles völlig friktionsfrei gelaufen.

Im Frühjahr 2014 saß ich in einer ultrahippen Agentur für Online-Marketing im »social media«-Bereich, um die Werbestrategie für dieses Buch zu besprechen. Der 23-jährige Chef der Truppe war ein reizender und sehr ausgeschlafener Hornbrillenträger, dessen Gedankenwelt über jeden Verdacht auf finstere Patriarchats-Ideologien völlig erhaben war. Er hatte bereits sieben Jahre Berufserfahrung hinter sich, Silicon Valley inklusive. Er erzählte mir, dass er bei den Bewerbungen an die Agentur »gendermäßig« eine seltsame Beobachtung mache: Die Frauen, die oft eine bessere Ausbildung und mehr Berufserfahrung anzubieten hatten als ihre Mitbewerber, boten ihre Dienste von vornherein im Schnitt um zwanzig Prozent günstiger an als die männliche Konkurrenz. Ohne dass sie danach überhaupt nur gefragt worden wären. Das heißt, sie machten sich automatisch und freiwillig kleiner. Was zum einen mit einem Selbstwertgefühl zu erklären ist, das dringend ein »Pimping« vertragen würde, aber auch mit ihrer Angst, mit zu hohen Forderungen den Job nicht zu bekommen.

Zwischen Fräulein und Matrone

Der Feminismus ist, man kann es sich einfach nicht mehr schönreden, auf die Schnauze gefallen. Längst ist diese Tendenzwende nicht nur eine ideologische Witterung, die jeder halbwegs intuitiv begabte Mensch in die Nase bekommt. Diese Entwicklung ist auch mit Zahlen zu belegen. Nur Estland hat, was die Lohngerechtigkeit betrifft, europaweit eine miesere Rate als Österreich, wie man beim letzten Erhebungszeitraum 2012 festgestellt hat. In Österreich verdienen Frauen noch immer im Schnitt um 23,4 Prozent weniger als Männer. In den letzten drei Jahren hat sich diese Zahl um nur läppische 0,3 Prozent gebessert.

Auf Platz drei der genderpolitischen Loser-Nationen kommt mit 22 Prozent auch schon Deutschland, als feministisches Paradies in dieser Umfrage entpuppte sich überaschenderweise Slowenien, gefolgt von Malta und Polen.

Mit Statistiken zur Festigung der Backlash-These werde ich Sie im Laufe dieses Buches noch genug langweilen: Karenz-Väter sind auch im 21. Jahrhundert noch immer exotische Vorzeigeexemplare. Der Frauenanteil in österreichischen Aufsichtsräten lag zuletzt bei 2,2 Prozent, das ist EU-weit wenigstens nur der viertletzte Platz, im Durchschnitt werden solche Alpha-Posten in Europa von 8,9 Prozent Frauen besetzt.

Das Tragische an diesen Zahlen ist, dass sie sich von denen der letzten Jahrzehnte nicht wesentlich unterscheiden – ein weiteres Indiz dafür, dass der Feminismus gerade auf Standbild-Modus gedrückt ist.

Frauen, die jene Spielzeuge unverfroren an sich drücken, die bisher den Männern vorbehalten waren, bleiben suspekt. Die deutsche Kanzlerin Angela Merkel ist die mächtigste Frau der westlichen Welt. Bei einer Erhebung der Beliebtheitswerte deutscher Politiker rangiert sie an der Spitze und legte im Sommer 2014 laut Marktforschungsinstitut TNS sogar noch um fünf Prozent zu, der deutsche Bundespräsident Joachim Gauck lag drei Prozent hinter ihr. Merkel macht ihren Job verglichen mit anderen europäischen Kollegen richtig gut. Trotz ihrer Souveränität und Gelassenheit in härtesten Krisensituationen bekam sie von der »Journaille«, wie der Aphoristiker Karl Kraus meine Branche bezeichnete, das diffamierende Etikett »Mutti« um den Hals gehängt.

Männer in der gleichen Position würden mit Sicherheit als Drahtzieher, Kaiser oder Könige bezeichnet werden. Für ihre Vormachtstellung wird Angela Merkel also nicht belohnt, sondern verächtlich gemacht, in dem ihr jede Form von ernstzunehmender Weiblichkeit abgesprochen wird und sie das Image einer properen, aber elendslangweiligen Biedermutti verpasst bekommt.

Die medialen und politischen Frauenbilder sind eben noch immer »unfassbar altbacken«, wie Iris Radisch in der »Zeit« klagte, »das Repertoire klemmt fest zwischen Fräulein und Matrone.«

Geben Sie sich einmal einen Fernsehabend lang die Werbeblöcke und analysieren Sie die Rollen, in denen Frauen dort auftreten. Klingt wie ein Thema für einen Problemaufsatz im Deutschunterricht in den frühen Siebzigerjahren, ich weiß. Aber bei genauerem Hinschauen werden Sie feststellen, dass sich eigentlich seit den Fünfziger- und Sechzigerjahren nicht wirklich Wesentliches geändert hat. Alles, was Frauen im Werbefernsehen tun, ist »putzen und bluten«, wie die amerikanische Schriftstellerin Gillian Flynn ihre Heldin in dem Bestseller »Gone Girl« feststellen lässt. Tatsächlich zeigen die meisten TV-Spots Frauen beim Schrubben, Scheuern und Waschen; oder sie preisen die Vorzüge von Tampons, Binden oder Slipeinlagen. Wahlweise rasieren sie sich auch die Beine mit »Venus-Effekt«, klimpern mit extralangen Wimpern und deodorieren sich die Achseln, um ihr nächstes Date in Würde zu überleben.

Wie deprimierend, seufzt das »Gone Girl« vor dem Fernsehschirm: »Eine junge Frau versprüht einen Raumspray in ihrem Zuhause, um ihre Familie glücklich zu machen.« Im nächsten Spot zeigt sie dann, wie fantastisch sicher sie sich in ihrer hüftformenden Unterhose fühlt: »So gerüstet kann sie dann den Mann finden, für den sie später Raumspray versprühen möchte.«

Hoch nervöse Teilzeit-Mütter und Poser-Daddys

Bei der Eröffnung einer Kunsthandlung, die ein Freund von mir im Wiener Schlachthausgassenviertel gegründet hatte, war alles sehr hip und elitär. Viele der Künstler, deren Gemälde an den Wänden hingen, waren da, die Gespräche drehten sich vor den Bildern auch um Frauen. Ich hörte einen der Künstler

zu einem anderen sagen:»Deine Freundin ist ja wirklich wahnsinnig schön.«
»Und sie ist auch gescheit«, antwortete der, nicht ohne Besitzerstolz. Der Mann war Anfang 40, also kein Retro-Saurier. Er betonte diese Eigenschaft, als ob es sich um ein Exotikum handelte. Eine gescheite Frau! Wahnsinn! Haben Sie schon irgendwann erlebt, dass dieses Attribut bei einem Mann ausufernd betont wird? Ich nicht. Ausschließlich wenn einer einen IQ knapp über der Raumtemperatur hat, macht man sich überhaupt die Mühe, seinen Beschränktheitsgrad zu erwähnen.

Hingegen fühlt sich die Menschheit beiderlei Geschlechts dauernd bemüßigt zu bemerken, dass ein Mann »aber das muss man ihm lassen, ein wirklich guter Vater ist«. Der Hinweis darauf, wie hingebungsvoll eine Frau ihrer Mutterschaft nachkomme, fällt hingegen kaum bis gar nicht. Wahrscheinlich ist das deswegen nicht sonderlich erwähnenswert, weil man von der Annahme ausgeht, dass die gute Mutterschaft ohnehin im genetischen Programm eingespeist ist.

Im britischen »Guardian« unkte anlässlich des Vatertags 2014 die Kolumnistin Jessica Valenti völlig zu Recht:»Hört doch endlich auf, Vollzeitvätern dafür zu gratulieren, dass sie ihren Job wahrnehmen.«

Ich kenne genau zwei Männer in meinem durchaus links-liberal-feministisch geschulten Bekannten- und Freundeskreis, die nach der Trennung von den Müttern ihre Kinder »fulltime« versorgt haben. Laut Valenti befindet sich das Verhältnis von Vollzeit-Müttern zu ebensolchen Vätern in Großbritannien bei einem Schlüssel von 5:1. Die Motivation eines Mannes, die Versorgung der Kinder zu übernehmen, ist laut einer Statistik der Pew Foundation zu fast einem Viertel durch Arbeitslosigkeit und Zeit für Jobsuche begründet. 35 Prozent der Fulltime-Daddys sind invalid, krank oder sonst irgendwie behindert. Nur 21 Prozent der befragten Ganztags-Väter zermatschen freiwillig und ohne anderweitige Begründung mittags das Bananen-Breichen.

In dieser Zeit der ideologischen Unentschlossenheiten ist aber auch ein neuer Soziotypus von Vater entstanden: »Poser«-Daddys. Das sind jene Väter, die ihre Kinder zum Beispiel mit in die Aufsichtsrat-Konferenz schleppen, weil ihre Frau einmal auf einem Tai-chi-Trainingsseminar ist, und aller Welt mit dem Transparent vor der Nase herumwedeln: »Seht nur, was für ein verdammt bewusster und saukühler Papi ich bin.«

Seltsamerweise sieht man in den Wartezimmern der Kinderärzte zwischen eingespeichelten Kuchenstückchen und pädagogisch wertvollem Holzspielzeug zwar jede Menge unter drastischem Zeitdruck befindliche Teilzeit-Mütter nervös auf ihren Sesseln rutschen, aber weit und breit keinen Mann im Businessanzug. Auch irgendwie logisch. Dort fehlt ja auch wirklich brauchbares Publikum.

Die Fallen der neuen Retro-Weiblichkeit

»Der Ball des Feminismus rollte lange mit voller Geschwindigkeit«, mailte mir die Konzept- und Fotokünstlerin Suzanne Heintz, »aber jetzt scheint die Pausetaste gedrückt zu sein. Ich begreife nicht, dass Frauen nach all ihren Kämpfen wirklich aufgegeben haben, vehement die gleichen Rechte einzufordern. Ich verstehe auch die Angst nicht, dass einen die Forderung nach gleichen Rechten unweiblich machen könnte oder zu einer militanten Extremisten-Langeweilerin, mit der niemand auf Partys sprechen möchte.«

Nein, natürlich stöckeln die neuen Retro-Weibchen nicht mit strammen Bleistiftabsätzen Marke »mad women« in die nach frisch gestärkten Krägen und selbst gemachtem Apfelkuchen riechenden Häuslichkeitsordnungen der Sechzigerjahre. Sie leiden auch nicht an diesem Rückzug so wie Romy Schneider, die immer wieder aus ihrer Europakarriere in die Idylle abtauchte, weil sie eben alles wollte: Jäckchen für ihre Kinder stricken, Eintöpfe für ihre Männer schmoren, aber eben auch als eine Art Marylin Monroe der Intelligenzia haltlos bewundert werden. »Im Film kann ich alles, im Leben nichts«, war ein Satz, den sie in ihren verzweifelten Jahren oft in Interviews vom Stapel ließ und der dieses Gefühl der Zerrissenheit schmerzhaft klar beschrieb.

Die jungen Retro-Frauen scheinen über diese Kluft zwischen den Welten nicht mehr länger grübeln zu wollen. Sie tragen lustige Jugend-bastelt-Designerklamotten und schlürfen Smoothies, die von Obstbäumen stammen, deren Vornamen sie kannten. Es ist für sie wieder durchaus gesellschaftsfähig, sich für mehrere Jahre aus dem Erwerbsleben zu klinken, nachdem sie sich fortgepflanzt haben. Mann und Familie stehen auf der Erledigungsliste, mit dem Arbeitstitel »Glück/Selbstverwirklichung etc.«, ganz oben. Kommt es dann doch irgendwann zu beruflichen Wiedereinstiegsszenarien, dann haben die oft mehr den Geruch von Beschäftigungstherapie. Da werden Kinderbücher illustriert oder Pasteten-Werkstätten eröffnet. Pasteten-Werkstätten sind die neuen Cupcake-Arbeitsgemeinschaften, die in den letzten Jahren bei Fast-Hausfrauen häufig als Austragungsorte für Selbstverwirklichungsprozesse dienen. Aber nur wenn ihre Männer sich das auch leisten können.

Wichtig bei der »hartnäckigen Versteifung auf das eigene Glück«, schrieb Simone de Beauvoir, Tochter eines verarmten

44

Pariser Anwalts und einer Bibliothekarin in den Vierzigerjahren, sei vor allem die Verweigerung der gesellschaftlich vorgesehenen Fallen wie Mutterschaft, Ehe oder Lebensgemeinschaft unter einem Dach, in der die Frau »wie selbstverständlich auch den Part der Hausfrau« zu übernehmen habe.

Ihr Schlüsselwerk »Das andere Geschlecht« sollte heute jedem jungen Mädchen in den Handarbeitskoffer gelegt werden. Es ist erschreckend, wie aktuell die lange als anachronistisch abgestempelten Thesen der Beauvoir sich heute wieder lesen.

»In der Debatte über den Feminismus ist genug Tinte geflossen«, schrieb die Grande Dame des Feminismus im ersten Absatz ihrer 700 Seiten starken Analyse und Historie der weiblichen Unterdrückung, die 1949 erschien, »jetzt ist sie nahezu abgeschlossen: Reden wir nicht mehr darüber.«

Tut mir sehr leid, Madame de Beauvoir. Den Gefallen können wir Ihnen leider nicht tun.

Die Tochter einer Freundin ließ ihre alleinerziehende, extrem erfolgreiche und extrem erschöpfte Mutter einmal vor einem mit Todesverachtung aufgewärmten Tiefkühlgericht wissen: »So eine Emanzentussi wie du möchte ich wirklich nicht werden. Interessiert mich Nüsse, nada.«

Ich würde mir wünschen, dass sich diese Töchter einmal ein paar Takte lang mit den besten Scheidungsanwältinnen des Landes unterhalten, denn dann wüssten sie, dass der freiwillige Rückzug in das Hausfrauendasein und die Intensiv-Mutterschaft sie in eine nicht zu unterschätzende Gefahrenzone manövrieren. Sollte ihr Mann in seiner Lebensmitte-Krise draufkommen, dass er plötzlich Zeit für sich braucht, ganz viel nachdenken muss und diese Gedanken sehr lange Beine haben, wird es für jene Frauen, die ohne Netz, sprich ohne eigenen Job, gelebt haben, möglicherweise sehr eng. Ich zitiere eine Wiener Scheidungsanwältin: »Ohne ein Nettoeinkommen von 7000 Euro ist eine Scheidung für nicht berufstätige Frauen alles andere als ein lukratives Geschäft. Ihr Lebensstandard sinkt drastisch.«

»Man hat uns zum Narren gehalten«

Klar, das doppelbelastete Leben ist alles andere als ein Waldspaziergang. Vor allem wenn man als alleinunterhaltende Mutter zu agieren hat. Ich habe darüber geschätzte 350 Kolumnen in meiner Kolumnen-Ordination »Polly Adler« im Wochenendmagazin »Freizeit« der Tageszeitung »Kurier« und das Buch »Adieu, Fortpflanz« geschrieben und werde mir auch hier erlauben, ein paar Kostproben aus meiner »Chaos-de-luxe«-Tätigkeit einzustreuen.

Die vom Befreiungskampf und den Selbstverwirklichungs-schlachten zerzausten Mütter stellen für die nächste Generation durchaus auch abschreckende Beispiele. Eine Frau mit einer Zunge, die ihr aufgrund von Dauerstress wie ein roter Wollschal aus dem Mund hängt, sieht irgendwie nicht wahnsinnig ansprechend und nachahmungswürdig aus.

Frankreichs elegante Paradefeministin Elisabeth Badinter erzählte mir bei unserem Interview von jungen Frauen, vorrangig Töchter aus ihrem elitären Bekanntenkreis, die sich »ewig und unnötig lange in die Babypause verdrückten«. Sogar bei ihren eigenen Kindern konnte sie so ein Revival längst tot geglaubter Lebensentwürfe konstatieren: »Wahrscheinlich haben die mich viel zu oft mit grauem Gesicht und erschöpft gesehen und sich gedacht: ›Nein, wirklich nicht, dieses Leben tue ich mir sicher nicht an.‹«

Das kann man auch nachempfinden. Anstrengung aus nächster Nähe über Jahre miterleben zu müssen, macht schon einmal präventiv müde.

»Man hat uns zum Narren gehalten«, seufzte Simone de Beauvoir in einem Interview mit Alice Schwarzer in den Siebzigerjahren in Paris. Diesen Seufzer kann man heute nur mit dicken Rufzeichen versehen. Der Feminismus schläft oder dreht sich beharrlich im Kreis um die ewig gleichen Themen: Lohnschere, Stillzeiten, Kinderbetreuung, bessere Ausbildung, aber dafür die schlechteren Jobs, Hausfrauenversorgung nach der Scheidung, Chancengleichheit.

Wie langweilig. Und wie deprimierend, dass diese Probleme im 21. Jahrhundert noch immer ungelöst geblieben sind.

»OK«, sagt Germaine Greer, »wir alle haben in den letzten 45 Jahren einen weiten Weg zurückgelegt. Unser Leben ist prächtiger und reicher als früher, aber auch teuflisch kompliziert geworden. Von Anfang an waren wir uns bewusst, dass weibliches Leiden unter die Überschrift ›Unvereinbare Erwartungen‹ gestellt werden muss. Die Widersprüche, mit denen Frauen konfrontiert werden, waren aber noch nie so verletzend wie jetzt.«

Zwischendurch werden immer wieder Durchhalteparolen durch das Radarsystem der Öffentlichkeit geschickt, die sich bei näherer Betrachtung als echter Humbug erweisen. Die US-Journalistin Hanna Rosin rief – unter gewaltigem Medienecho – 2012 »Das Ende der Männer« aus, wie auch der Titel ihres Buches lautete. Nach Ansicht der linksliberalen Starjournalistin befinden sich Frauen rasant auf einer Überholspur, was ihre gesellschaftliche Bedeutung und ihre beruflichen Fähigkeiten betrifft. Sie seien die großen Krisengewinner; denn drei Viertel der Jobs, die im schwarzen Loch des Finanzcrashs verschwunden sind, haben die Männer verloren. Auch irgendwie logisch: Schließlich saß auch ein Vielfaches an Männern in Schlüsselpositionen.

»Wie tief Männer gesunken waren«, schreibt Rosin, sei das Resultat »einer Entwicklung, die schon seit mehreren Jahrzehnten im Gange ist.« Das neue Thema bestehe darin, dass Frauen »erstmals in einer 200.000-jährigen Periode der Menschheitsgeschichte die Männer in vieler Hinsicht übertroffen haben.« Beim Multitasking vielleicht, kann man da nur kopfschüttelnd anmerken, aber definitiv nicht in den Kommandozentralen dieser Welt.

Es war erstaunlich, wie wenig Kritik Rosin für ihre Thesen einstreifte, die eigentlich alle mit dem entsprechenden Zahlenmaterial locker zu entkräften gewesen wären. Die »Washington Post« bewies aber nach der Lektüre des Buches Humor und beschrieb damit auch die Ratlosigkeit, die der Begriff Feminismus heute hervorruft: »Man ist verwirrt. Wenn man sich nicht wie Rosin das Ende der Männer herbeiwünscht, ist es jetzt eigentlich angesagt, Lipstick- oder dauerstillende Ökofeministin zu sein? Oder sollte man wieder zur Old-School-Feministin mutieren und die alte Beauvoir-Theorie vom Geschlecht als sozialem Konstrukt neu aufleben lassen? Oder einfach nur mit seiner Vagina plaudern?«

Die letzte sarkastische Bemerkung bezog sich auf Naomi Wolf, Autorin des feministischen Standardwerks »Der Schönheitsmythos«, die 2013 die »Biografie« ihres Geschlechtsteils, »Vagina«, inklusive ihrer Orgasmusschwierigkeiten, veröffentlicht hatte.

Zuallererst gilt es, sich jetzt gegen die drohende Hausfrauenrevolution zu wappnen und den Backlash ernst zu nehmen. Im Sommer 2014 turnten während der Fußball-WM immer wieder leicht geschürzte Brasilianerinnen durch die TV-Studios, die den Sportreportern verführerisch lächelnd gekühlte

Kokosnuss-Hälften reichten. Über Stunden diskutierten wir zur selben Zeit in den Redaktionssitzungen über die Gendersensiblisierung der Sprache, die zum heißesten Thema des Sommerlochs 2014 ausgeartet war. Ich fand diese Debatte nervend und uninteressant. Sie drehte sich im Kreis um pure Formalismen und brachte uns keinen Zentimeter weiter.

»Der Kampf der bürgerlichen Frauen besteht vor allem darin, Reformkleider zu tragen, beim Wort ›Mann‹ mitleidig zu lächeln und Frauenklubabende zu veranstalten«, ätzte die Wiener Sozialdemokratin Käthe Leichter 1930 im »Handbuch für Frauenarbeit«, »im Übrigen aber auch immer wieder zu versichern, dass sie gewiss nicht aufrührerisch seien, auf friedlichem Weg und ohne die bestehende Ordnung anzutasten zu ihrem Recht kommen wollen. Sie jubeln auf, wenn irgendwo in der Welt wieder eine Frau Professor oder Ministerialrätin wurde ...«

Eine Aussage, die auch fast ein Jahrhundert nach ihrer Entstehung erschreckend zeitlos klingt und heute durchaus auch auf die gesellschaftliche Realität anzuwenden ist.

Ich wollte dieses Buch schreiben, weil ich wütend bin.

Susan Sontag, die große amerikanische Philosophin, hatte zu Beginn der Siebzigerjahre in ihrem Tagebuch notiert:»Anstelle guter Vorsätze möchte ich eine Bitte äußern: Ich bitte um mehr Mut.«

Es ist noch lange nicht genug Tinte geflossen, geschätzte Madame de Beauvoir. Reden wir drüber.

Quietschfidele Hausfrauen
und »mad women«

>»Ich habe mich so gelangweilt, dass ich heute
>um Haaresbreite angefangen hätte zu putzen!«
>GABRIELLE SOLIS *in »Desperate Housewives«*

>»Ich bin eine richtige kleine Hausfrau. Ich
>behalte mir nach jeder Scheidung das Haus.«
>ZSA ZSA GABOR, *Schauspielerin*

»Nun, meine Liebe, was machen Sie so?«, fragt mich die Frau
in dem sehr Münchnerischen Dirndl, neben der ich bei einem
Abendessen in Bad Goisern zu sitzen gekommen bin.

»Ich schreibe so vor mich hin«, antworte ich ihr.

»Und davon kann man leben?«

»Mehr schlecht als recht«, mischt sich jetzt mein
Fortpflanz ein, »aber am Sonntag ist bei uns sogar auch
manchmal Fleisch am Tisch.«

Das Münchner Dirndl lächelt irritiert. Sie ist Kinder mit
Witz ganz offensichtlich nicht gewohnt.

»Und was macht Ihr Mann?«

»Mann, welcher Mann?«, fällt mir das Kind erneut satt
grinsend in den Rücken, »bei uns hält es doch keiner lang
aus. Dafür sorge ich schon.«

Jetzt mischt sich ein Pagenkopf ein: »Willst du nicht, dass
deine Mutti glücklich ist?«

»Die hat doch mich, das ist so viel mehr Glück, als ein
einzelner Mensch vertragen kann.«

Ich mache auf pädagogische Checkerin. »Stella, wenn sich

hier jemand schlecht benimmt, bin das noch immer ich. Alles klar?« Das Kind schickt mir einen tödlichen Blick.

Der rebhuhnfarbene Pagenkopf und das Fantasiedirndl lächeln süßsäuerlich, ihre Gesichter signalisieren Unbehagen und sie nützen jetzt die Gelegenheit, um aus dem konversationstechnischen Bermudadreieck den Rückzug anzutreten. Es entspinnt sich zwischen den beiden folgender Dialog.

»Kommen Sie öfter hierher?«

»Meine Schwiegereltern haben einen Besitz am Grundlsee«, erzählt das Dirndl.

»Ach, Sie Glückliche. Wir haben eine Villa am Irrsee. So ein Zweithaus macht ja so viel Arbeit.«

»Das sagt der Meinige auch immer ... allein schon unser Garten in Hietzing. Das schaff' ich alleine gar nicht. Aber mein Mann, der liebt den Ausgleich. Der buddelt im Garten wie ein kleiner Maulwurf, er ist ganz versessen auf diese Wühlarbeiten. Er ist Anwalt, nationales, internationales, und alles, was Recht ist ...«

»Gut zu wissen. Wir überlegen nämlich gerade, in der Camargue ein Gut zu kaufen. Mein Mann ist nämlich Investmentbanker und dementsprechend ruhebedürftig.«

So ging's dahin. Und ich frage mich, warum Frauen, gewisse Frauen, die Tendenz haben, über ihre Männer wie über sehr pflegeintensive Rennpferde zu reden. Und das Kind hatte mit seinen damals elf Jahren die einfachste und auch einleuchtendste Antwort: »Weil sie kein eigenes Leben haben.«   *Polly Adler*

* * *

Mein zufälliger Sitznachbar im »Schweizerhaus«, ein gerne von Kampftrinkern frequentierter Biergarten im Wiener Prater, erzählt mir, dass seine »Liebste« keine Stelzen (Schweinshaxen) vertrage und er sich deswegen ab und zu »under cover« hierher stehlen müsse, quasi wie ein Pfarrer in den Pornoladen, um seine Cholesterinwerte wieder auf Vordermann zu bringen. »Und«, frage ich ihn, »was macht sie denn sonst so, Ihre liebe Frau, wenn sie nicht keine Stelzen isst?«

»Sie ist zu Hause«, antwortet mein Schweineschenkel-Kumpel, seines Zeichens Architekt von Beruf und Berufung. »Aber Zuhausesein ist doch noch kein Beruf, bestenfalls ein Zustand. Sind die Kinder noch klein?«-

»Nein, wir haben nur eines, und das ist eben ausgezogen. Sie will aber jetzt ein Kinderbuch schreiben.«

Auch so ein Virus: Ständig trifft man auf Frauen, die drauf und dran sind, ein Kinderbuch zu schreiben. Sind Kinderbücher die Seidenmalerei der Zehnerjahre? Und fast ebenso ständig scheint sich eine Branche durchzusetzen, die man eigentlich in der Altersgruppe 40minus für längst ausgestorben hielt: die Hausfrau. Das Schreckgespenst des Feminismus, unsereins eigentlich nur mehr aus »Desperate Housewives« und den Lebenskonzepten unserer Omas ein Begriff, ist reanimiert und in neuen Mutationen anzutreffen.

Ich rede jetzt nicht von den temporären Hausfrauen, die sich wegen der Brutpflege ein paar Monate Auszeit nehmen und dann wieder im Berufsleben einchecken, das ist ja völlig in Ordnung.

Nur: Sobald diese Brut des aufrechten Gangs mächtig ist und die Teilalphabetisierung überwunden hat, sollte damit wieder Schluss sein. Ohne ersichtliche Behinderung kann man die Herren nicht allein im Hamsterrad der Erwerbstätigkeit ihre Runden drehen lassen. Ist einfach nicht fair.

»Sie sehen sehr müde aus«, findet der Architekt jetzt – anscheinend als Rache dafür, dass ich sein Weibchenschema in Frage gestellt habe. »Ja, ja, die Rosenzucht und die Fruchtverwertung in Kompott- und Marmeladeform halten mich ordentlich auf Trab. Und dann noch dieser Pilates-Stress! Ein Apfelkuchen-Inferno hab' ich heute auch noch hinter mir. Der Hund ist einfach kleben geblieben. Ich könnte heulen!« Jetzt winkt er dem Kellner. Vielleicht ist er jetzt auch schon reif, ein Kinderbuch zu schreiben.

Zum Abschied entschuldige ich mich noch mit einem Ödön-von-Horvath-Zitat, das auch Udo Lindenberg sich immer wieder gerne ausborgt: »Ich wäre eigentlich viel lieber ganz anders. Nur komm' ich so selten dazu.«

Polly Adler

* * *

Gut, dachte man anfangs. Die Witterung riecht also nach Hausfrauen. Natürlich gibt es die. Aber doch nicht in unserer Generation. Die geisterten durch die der Mütter und vor allem der Großmütter. In den Frauenleben der nächsten Generation ist doch so ein schürzenwippendes Liebling-hat's-dir-auch-wirklich-geschmeckt-Phantom längst kein Thema mehr?!

Ich kannte eine einzige Frau in meiner Altersgruppe, die das gleiche Leben wie ihre (auch nicht berufstätige) Mutter zwischen Tennisclub, Kindergarten und Gartenpartys zur Vollzeit-Erfüllung machte. Inzwischen ist sie geschieden. Und ihr Mann mit einer unter Dauerstrom stehenden Karrierefrau zusammen, die auch ihn zu Höchstleistungen peitscht.

Alle anderen Frauen in meiner Altersliga mussten nicht nur arbeiten, sie wollten es auch. Abgesehen von der Selbstverwirklichungs-Kiste war es schließlich auch Jahrzehnte her, dass sich Ehemänner für berufstätige Lebenspartnerinnen schämten, weil das gleichzeitig das Indiz dafür war, dass sie nicht in der Lage waren, die Familie alleine zu versorgen.

»Meine Eltern mussten beide arbeiten«, verkündete Volker Piesczek, TV-Moderator und Ehemann der Grünen-Chefin Eva Glawischnig, in einem Format seines Privatsenders, und in dieser Aussage schwang der Subtext mit, dass er eine berufstätige Mutter als eine Art soziale Benachteiligung empfunden hatte. Unbewusst natürlich, auf rationaler Ebene würde er das als feministisch geschulter Mann total abstreiten. Sprache und wie man sie einsetzt, ist eben eine wirklich verlässliche Verräterin.

Die Dokumentarfilmerin Elizabeth T. Spira, die Quotengarantin des ORF, ist nach zig Folgen ihrer Verkuppelungsshow »Liebesg'schichten und Heiratssachen« überzeugt, dass Sicherheit bei der weiblichen Partnerwahl ausschlaggebend ist: »Beamte gehen wie warme Semmeln. Die können stottern, schiefe Zähne haben und generell aussehen, wie sie wollen, die kriegen in jedem Fall Hunderte Zuschriften. Da schwingt die Hoffnung auf Versorgung mit. Unkündbar sind sie außerdem. Die Frauen sind bei ihrer Partnerwahl schon sehr vom Materiellen geprägt.«

Bügelnde Königskobras

Wir alle quälten uns im Deutschunterricht durch »Nora – oder ein Puppenheim« von Henrik Ibsen. Wie progressiv und sprengsatzreich dieses Stück über zertrümmerte Lebenslügen in seiner Zeit empfunden worden sein musste, kann man nur ahnen. In jedem Fall empfand ich die Fragestellungen, die es aufwarf, im Deutschunterricht der siebenten Klasse als hoffnungslos anachronistisch.

Heute nicht mehr. Und zwar gar nicht mehr. Wir erinnern uns: Nora verlässt Ende des 19. Jahrhunderts in Norwegen Mann und Kinder, weil sie nicht mehr ein hübscher »Singvogel« sein will, und um »mich selbst und das rechte Verhältnis zu meiner Umgebung zu finden«.

Ihr Mann, er heißt auch noch Helmer, ist fassungslos, wie so oft bei verlassenen Gatten trifft ihn diese radikale Entscheidung völlig unangekündigt und aus heiterem Himmel.

»So kannst du dich doch nicht über die heiligsten Pflichten hinwegsetzen?« beschwört er sie.

Nora: »Ich habe andere Pflichten.«

Helmer, jetzt völlig von der Spur: »Welche können das sein?«

Nora: »Die Pflicht gegen mich selbst.«

Heute fällt diese Kategorie von der Pflicht gegen sich selbst unter den sattsam strapazierten Begriff Selbstverwirklichung. Ein schreckliches Wort. In etwa so hässlich wie der Begriff Beziehungsarbeit. Er klingt nach schlecht gelüfteten Seminarräumen, Klangschalen, Wohlfühltees in abgegriffenen Thermoskannen und Menschen in bequemer Freizeitkleidung, die sehr oft Sätze wie »Ich versteh' dich total gut« oder »Und wie geht's dir damit?« sagen.

Aber wenn ich die putzenden und blutenden Hausfrauen im Werbefernsehen so sehe, scheint Selbstverwirklichung keine sonderlich große Priorität zu haben. Und das ist schmerzhaft.

Ich erinnere mich an das Jahr 2000, als die für Österreichs internationales Image so fatale schwarz-blaue Regierung ihre Macht antrat. Da Jörg Haider zu viel Gegenwind entfacht hatte, reduzierte er sich auf die Rolle des »einfachen Parteimitglieds« und ließ den Vortritt der »Königskobra«, wie seine getreue Gefolgsfrau Susanne Riess-Passer in der Politszene genannt wurde. Der ihr zugedachte Tiername war ein Indiz dafür, wie sehr die Konstellation Frauen und Macht noch immer als etwas Bedrohliches empfunden wurde. Sie wurde Vizekanzlerin, die erste in der österreichischen Geschichte. Ganz falsches Lager, aber trotzdem beachtenswert, dass man ausgerechnet in der selbstherrlichen »Buberlpartie« eine Frau rangelassen hat, dachte ich mir damals.

Und dann kam das Foto, das einen platt machte: Knapp nach der Vereidigung lud die »Königskobra« das Boulevardmagazin »News« in ihre Wohnung und posierte »in action« am Bügelbrett. Sie kapierte nicht, was sie damit anrichtete, denn ihrem Verständnis nach wollte sie nur der kleinen Frau da draußen weismachen, dass sie sich in ihrem Alltag nicht so sehr voneinander unterschieden.

Zwischen dem Großreinemachen in der Republik, so lautete jedoch die hinterhältige Botschaft des Fotos, sehe die Nummer Zwei der neuen Machthaber – durchaus mit Freude an der Sache – auch in ihren eigenen Wänden nach dem Rechten und verwöhne ihren Gatten mit knitterfreien Hemden. So viel Zeit musste einfach sein.

Die Bügel-Show der langjährigen Gefolgsfrau Jörg Haiders, die inzwischen die FPÖ-Boygroup längst zugunsten eines Jobs in der Privatwirtschaft verlassen hat, besitzt nicht nur anekdotischen Wert. Sie ist auch ein Indiz für das noch immer so unausgegorene Verhältnis zwischen dem weiblichen Geschlecht und jener Substanz, die wie sonst nur Geldgier und der Sexualtrieb den Weltenlauf bestimmt – Macht. Frauen benehmen sich, haben sie sie einmal, noch immer häufig so, als ob man ihnen ein Geschenk in die Hand gedrückt hätte, das sie sich eigentlich gar nicht verdient haben.

Die deutsche Feministin Alice Schwarzer nennt jene rückwärtsgewandten Idyllen-Posen das Schmeckt's-auch-Liebling?-Syndrom: »Für ihren beruflichen Erfolg müssen sich Frauen privat noch immer entschuldigen und zeigen, dass ihnen das alles nicht zu Kopf steigt. Damit es nicht so bedrohlich wird.«

Germaine Greer empfand Beruhigungs-Inszenierungen wie die Bügelnummer sogar als persönliche Beleidigung:»Ich finde es als Frau wirklich verletzend, dass Frauen nur dann Macht haben können, wenn sie den Nachweis von Unterwerfungspotenzial mitbringen. Hillary Clinton hat in ihrer Funktion als First Lady diesbezüglich das traurigste Beispiel abgegeben.«

Monica Lewinsky und ihr beflecktes blaues Kleid sind inzwischen weit, weit weg, in etwa so weit wie Marylin Monroe und die Kennedy-Affäre, und somit Polit-Boulevardgeschichte. Aber Rache ist ja bekanntlich ein Gericht, das man am besten kalt essen sollte. Möglicherweise könnte Hillary Clinton die erste Präsidentin der Vereinigten Staaten werden. Und ihr Mann wurde schon, als sie Außenministerin war, neben ihr sukzessive immer weniger.

Ob da dann nicht der erste »First Husband« sich zumindest eine Affäre mit der auf Bandscheibenvorfälle spezialisierten Physiotherapeutin gönnen und sich »zurückkrächen« wird müssen?

Die Hölle hat einen weißen Gartenzaun

Vielleicht wirkte die TV-Serie mit der unfassbaren globalen Sogwirkung,»Desperate Housewives«, die ab 2005 acht Staffeln lang ein weibliches Millionenpublikum in ihren Bann zog, ja gar nicht so sehr als abschreckende Parodie, wie es ihr Erfinder Marc Cherry ursprünglich angedacht hatte. Vielleicht war sie nichts anderes als die satirische Antwort auf eine gesellschaftspolitische Klimaveränderung. Denn die einzige Karrierefrau in dem Freundinnen-Quartett, Lynette, hatte von allen das sowohl schlimmste als auch mühsamste Leben. Bei so viel Ehrgeiz saß die Frisur immer schlecht.

Der dickliche Cherry verströmt auf Fotos die Aura eines im Leben immer zu kurz gekommenen Postamt-Filialleiter-Stellvertreters. Er erläuterte die Mission hinter seinem Geniestreich in einem Interview:»Ich wollte den Frauen folgende Botschaft mitgeben: Wenn ihr euch in friedlicher finanzieller Abhängigkeit in einem Vorgarten verbarrikadiert, dann sieht eure Hölle möglicherweise so aus.« Dabei ist Herr Cherry bekennender Republikaner. Eigentlich müsste ihm dieses konservative Wertesystem ideologisch behagen. Aber er ist auch schwul, wie er in einem Making-of Interview erklärt:»Meine Homosexualität schärft meinen Blick für Frauen. Denn ich sehe sie nicht als Objekte der Begierde, sondern so, wie sie wirklich sind.«

Während die verhuschte Bostoner Anwältin Ally McBeal, die den TV-Hype der Neunzigerjahre personifizierte, und Carrie Bradshaw aus »Sex and the City« noch mehr oder weniger fieberhaft nach Mr. Right fahndeten, haben die »Desperate Housewives« den vermeintlich Richtigen bereits gefunden. Auch wenn er sich in absehbarer Zeit als definitiv Falscher herausstellen sollte.

Ihr Leben ist ein einziger Vorgarten. Mit einem weißen Zaun. Und perfekt manikürten Hecken. Wir kennen diese Hölle aus den frühen Arbeiten des US-Regisseurs David Lynch. »Es ist eine fremde, seltsame Welt«, sagte Kyle MacLachlan in Lynchs frühem Meisterwerk »Blue Velvet«, ehe er aus seiner Reihenhaus-Idylle in einen Abgrund kippt, in dem Sadismus, Perversionen und Gewalt an der Tagesordnung sind.

Es ist auch eine fremde, seltsame Welt, durch die sich die Wisteria Lane zieht – jene Straße, in der die verzweifelten Retro-Weiber residieren. Im Gegensatz zu den beziehungsirrlichternden »Sex and the City«-Girls haben sie bereits jenen Kompromiss aus Vernunft und Leidenschaft geschlossen, den man gemeinhin Ehe nennt und der mehr denn in den Jahrzehnten zuvor auch zu einem Synonym für ein Versorgungsmodell geworden ist.

Die Lebenskonstrukte der Lynettes, Brees und Gabrielles sind vermeintlich adrette Norman-Rockwell-Gemälde voller Risse, Brüche und, vor allem, Falltüren, die direkt in die »dark rooms« des Lebens führen.

»Ich habe es satt, in einer Reinigungsmittelwerbung zu leben«, erklärt Rex, der erste Gatte des Putzteufels, seiner Bree, die aufgrund ihres pathologischen Putzwahns im amerikanischen Magazin »GQ« als »Hitler Mum« bezeichnet wurde. Deshalb sucht Rex, der später grausam entsorgt werden soll, erst mal Zerstreuung bei der vermeintlich so biederen Nachbarin, die sich ihr Haushaltsbudget als Geheimprostituierte mit dem Spezialgebiet Dominanz und Erziehungsmaßnahmen aufbessert.

Vertuschte Morde, Fruchtsäure-Peelings, Mobbing, kaputte Pürierstäbe, Perversionen, Psychopathologien des Alltags, Basilikum-Mousse, Betrug, Verrat und Kopfläusealarm in der Schule: Mit diesem bunten Programm werden die Bewohner der Wisteria Lane auf Trab gehalten und demonstrieren dabei, wie schnell der amerikanische Traum in einen neokonservativen Alptraum kippen kann.

Carrie Bradshaw hatte sich und der Welt in »Sex and the City« noch die einfache Frage gestellt:»Können Frauen lieben wie Männer?« Dabei waren sie und ihre Waffenschwestern in Tabuzonen vorgedrungen, die bislang nur im Spätprogramm der Privatsender ausgeleuchtet worden waren. Es war damals erstaunlich, vier Frauen bei »decaf«-Cappuccinos und rechtsdrehenden Früchteyoghurts über Peniskrümmungen,

»Fuck-Buddies«, »Yogasmen« (= Orgasmen mit Yogalehrern)
und Haupt- und Nebenmänner reden zu hören wie über die
neuesten Soufflé-Rezepte oder Prada-Schnäppchen auf eBay.

Charlotte, die Idylle-Zwänglerin aus der Truppe, wäre im
Ambiente der Retro-Reinigungsmittelwerbung der »Desperate
Housewives« als einzige der New Yorkerinnen gut aufgeho-
ben gewesen. Sie hätte sich mit Gabrielle um den lendenstar-
ken Gärtner prügeln, mit Bree um die Wette affige Marmelade-
Kreationen einkochen und durch regelmäßige Besuche im
Bananenbrei-Inferno der vierfachen Mutter Lynette ihre biolo-
gische Uhr für immer zum Verstummen bringen können.

Nachdem Mark Cherry das Hausfrauen-Treiben bis zum An-
schlag ausgereizt hatte, ging er bei seinem nächsten Serien-
Konzept noch einen Schritt weiter in den feministischen Hin-
terhof: »Devious Maids« spielt eine gesellschaftliche Etage
tiefer und dreht sich um fünf lateinamerikanische Putzhilfen
und ihre »schmutzigen Geheimnisse«. Es reichte Cherry nicht
mehr, dass seine Protagonistinnen für sich selbst putzten, sie
sollten es auch schlecht bezahlt für andere Leute tun. Alles sehr
ironisch natürlich.

Flucht in die Idylle

Der 18-jährigen Schülerin Tina M. ist Ironie in diesem Zusammenhang völlig fremd. Wenn sie von der Zukunft träumt,
wirkt das, als ob sie einem feministischen Schwarzbuch entsprungen wäre. Vier süße Kinder, abends kommt der Ehemann nach einem anstrengenden Arbeitstag rechtschaffen
erschöpft nach Hause, es wird frisch Gekochtes gemeinsam
gegessen, wobei Berufsstress und Doppelbelastung in Tinas
Weltbild definitiv nicht auf dem Menüplan stehen.

Doch, doch, sie möchte nach dem Schulabschluss schon studieren, vielleicht sogar ein paar Jährchen arbeiten gehen. Aber, wenn das alles gut läuft, will sie sich in ihrer Lebensvision nicht durch Dinge wie Selbstverwirklichung und Karriere unnötig irritieren lassen. Tina M. ist jedoch kein Phantom, das als Warnsignal vor einem beginnenden Backlash von der linksradikalen Gender-Polizei erfunden wurde: Tina M. lebt – und zwar im oberösterreichischen Wels. Die Tageszeitung »Die Presse« machte sie dingfest, als 2011 die Ergebnisse des »Familienmonitors« publik wurden. 800 Jugendliche zwischen 14 und 24 Jahren waren im Rahmen einer Studie des Familien- und Jugendministeriums zu ihrer Einstellung zu den Themen Familie, Kinder und Beruf befragt worden.

Das wohl spektakulärste Ergebnis der Studie, das ihren Leiter Peter Filzmaier selbst überraschte, lautete: Mehr als die Hälfte der befragten Mädchen und Frauen zwischen 14 und 24 Jahren konnten sich vorstellen, der Familie zuliebe auf eine Karriere zu verzichten. 55 Prozent bejahten die Aussage: »Wenn mein Partner so viel verdient, dass unser Lebensunterhalt gesichert ist, möchte ich Hausfrau sein.«

»Ein ganz klares Ergebnis der Erhebung war, dass die Rollenbilder der Jugendlichen weit klassischer ausfallen, als man gemeinhin annehmen würde«, kommentierte Filzmaier den Befund: »Mit einer wichtigen Einschränkung: Der Begriff der Familie ist dabei nicht zwangsläufig mit einem Trauschein verknüpft.« Als Reaktion auf allgemeine ökonomische Unsicherheiten will Filzmaier diese Tatsache freilich nicht sehen: »Meine These wäre, dass das Familienleben einen grundsätzlichen gesellschaftlichen Wert darstellt und Jugendliche sich in dieser Hinsicht nicht sehr von der restlichen Bevölkerung unterscheiden.«

Zur gleichen Zeit wurde eine andere Studie zur Erhebung von geschlechtsspezifischen Rollenbildern in Österreich vorgestellt. Die Theologen Paul Zulehner und Petra Steinmair-Pösel verglichen unter dem Arbeitstitel »Typisch Frau?« Werte und Rollenbilder österreichischer Frauen in vier Jahrzehnten. Auch diese vergleichende Analyse bestätigt, was wir ohnehin schon längst vermuteten. Der Gleichberechtigungs-Prozess ist ins Stocken geraten. Während in der Zeit von 1992 bis 2010 der Anteil der traditionell gepolten Frauen deutlich sank – von 22 auf 12 Prozent – hat sich dieser Trend in den letzten Jahren massiv verlangsamt. Dabei veränderte sich vor allem bei den Frauen zwischen 30 und 39 Jahren ihre prinzipiell moderne Haltung zugunsten eines – nun ja, nennen wir es resignativen Pragmatismus. Auffällig war, so die Studienleiter, dass ein modernes Frauenleben mit Kindern und Fulltimejob, auch bei den Jüngeren als wesentlich stressbeladener und mühseliger als das Dasein einer Vollzeit-Mutter und Hausfrau empfunden wurde.

Die österreichische Hausfrau des 21. Jahrhunderts im Alter von 20 bis 45 Jahren hat viele Gesichter, wie ich mit meinen Kollegen Sebastian Hofer und Tina Goebel bei den Interviews mit zahlreichen Variationstypen bei einer Cover-Geschichte für das Nachrichtenmagazin »profil« herausfand. Das Spektrum reicht von der Top-Managerin, die durch Dauererschöpfung an ihrem Teilzeit-Konzept gescheitert war und ihr »Burn-out« als Fulltime-Mutter zu verhindern suchte, bis zur jungen Bobo-Psychologin, die sich auf ein Zwanzig-Stunden-Homeoffice pro Woche einpendelt, weil ihr Mann seine Versorgerrolle ernst genug nahm und im Showbiz gerade mächtig Heu einfuhr. In der Grauzone des öffentlichen Interesses liegt naturgemäß die Supermarktkassiererin, deren Gehalt eine Doppelbelastung ohnehin nicht rechtfertigt – ganz im Sinne der früheren Kanzler-Gattin Christine Vranitzky, die

Mitte der Neunzigerjahre ihr Unverständnis darüber äußerte, dass »Frauen wegen 5000 Schilling netto (circa 365 Euro) überhaupt das Haus« verließen.

Und sich mit dieser Aussage zu einer Art Marie Antoinette der Nachkriegs-Sozialdemokratie stempelte.

Karrierekiller Babykarenz

Dass der Geschlechterkampf zunehmend zum Klassenkampf mutieren wird, darüber sind sich sowohl die französische Paradeintellektuelle Elisabeth Badinter als auch die deutsche Starfeministin Katja Kullmann (»Generation Ally«) einig.

»Natürlich gibt es auch die jungen, gut gebildeten Macchiato-Mütter, die vom Geld ihrer Eltern leben können und sich in eine neue Bürgerlichkeit flüchten, weil der Neoliberalismus ihnen wenig zu bieten hat«, so Kullmann, die in ihrem letzten Buch »Echtleben« die Generation der mitteljungen Krisenverlierer porträtierte, »aber innerhalb der Gruppe der brutal ökonomisch Abgehängten verlieren die Frauen natürlich immer mehr.«

Das neue weibliche Prekariat kennt in »Echtleben« viele Variationen. Kullmann erzählt zum Beispiel von der 42-jährigen Landschaftsgärtnerin, die »längst beim Amt ist«, wie der Jargon für einen Hartz-IV-Bezug lautet, und offiziell gerade »zwischen zwei Projekten« steht. Mit einem immer wieder aus eigenen Beständen aufgefüllten Pappbecher aus einem teuren Coffeeshop dreht sie in Berlin Mitte ihre Runden, um die Illusion aufrechtzuerhalten, zur Gruppe »Young, Urban, Professional« dazuzugehören.

Gerade im einst so todschicken Freiberuflerkollektiv wirkt sich die Rezession in Form von Honorarkürzungen und läppischen Werkverträgen besonders hart aus. Davon unberührt scheinen nur die, die ein langweiliges Leben ohne Selbstverwirklichungsauftrag gewählt haben. Denn die digitale Bohème mutierte im letzten Jahrzehnt zur »Rezessionsleiche« – ein gesichertes Leben mit »Mann, Kind, bezahltem Urlaub und Fußbodenheizung« ist nur den in ihren Lebensentwürfen experimentfreien Neu-Erwachsenen vergönnt, wie zum Beispiel einer »Autohaus-Sekretärin«. Selbstverwirklichung ist wahnsinnig anstrengend, lautet die Botschaft unter dem Text.

Dass eine Babykarenz in unserer Arbeitswelt noch immer einem Karriereknick gleichkommt, und »Teilzeitarbeit zum Karrierekiller« wird, musste man angesichts der folgenden Zahlen auch kleinlaut aus dem Frauenministerium zugeben. In Österreich bleiben die Frauen noch dazu überdurchschnittlich lang in Karenz: Von den knapp 150.000 Kinderbetreuungsgeld-Bezieherinnen (davon weniger als 7000 Männer) entscheidet sich der überwiegende Teil, nämlich fast 100.000, für die längste, die dreijährige Variante, weitere 28.000 für die zweijährige. Das Frauenministerium geht davon aus, dass Kinderbetreuungsaufgaben mit etwa 30 Prozent zu dem in Österreich im europäischen Vergleich so beschämenden Lohn-Gap beitragen. Das deckt sich auch mit einer Untersuchung des Arbeitsmarktservice, nach der die Dauer der Elternkarenz das Gehalt nach dem Wiedereinstieg durchaus negativ beeinflusst: Nach weniger als einem Jahr Karenz liegt das durchschnittliche Bruttoeinkommen von Frauen bei 1500 Euro, nach zwei Jahren verringert sich dieser Wert um 21 Prozent, nach drei Jahren um 30 Prozent, und wer sich länger als fünf Jahre ausschließlich der Kinderbetreuung widmet, hat Gehaltseinbußen von bis zu 60 Prozent zu erwarten. Nach dem Wiedereinstieg findet, laut Frauenministerium, jede fünfte Frau keine Vollzeitbeschäftigung, die ihrer Ausbildung entspricht. Und Teilzeitkräfte verdienen pro Stunde rund ein Drittel weniger als Vollzeitbeschäftigte.

»Es ist so traurig«, klagt Elisabeth Badinter, die mit ihrer Polemik »Der Konflikt« die »süße Tyrannei der Mutterschaft« als größtes Emanzipations-Hindernis ausrief, »ich sehe auch in Frankreich so viele junge Frauen, die erfolgreiche Ärztinnen, Journalistinnen oder Anwältinnen sind und sich dennoch zu Hause mit ihren Kindern verkriechen.« Zusätzlich komme es zu einem »beunruhigenden sozialen Bruch«, denn diejenigen, »die unterprivilegiert und schlecht bezahlt sind, denken sich, ›bevor ich hier länger in einem miesen Job herumsitze, bekomme ich doch lieber ein paar Kinder‹.« Die wirtschaftlich motivierte Flucht in die Mutterschaft innerhalb der Unterschicht stelle gleichzeitig die Weichen für eine massive Verarmung. Und verstärke den Neigungswinkel des sozialen Gefälles.

Viele unserer damaligen Interviewpartnerinnen beharrten auf Anonymität. »Es ist eben nicht modern und cool, Hausfrau sein zu wollen«, begründet diese Bitte eine 33-jährige Akademikerin, die erst gar nicht ins Berufsleben eingestiegen ist und mit ihrem dreijährigen Sohn – auf unbestimmte Zeit – gerne zu Hause ist, »aber ich kenne viele Mütter, die das Bedürfnis hätten und sich nicht trauen, das zuzugeben.«

Ihre eigenen Erfahrungen in »einem Ganztagskindergarten und einer Ganztagsschule« seien so negativ prägend gewesen, dass »ich meinem Sohn das nicht antun wollte.«

Als ich über Facebook einen Aufruf machte, wer denn gerne und freiwillig, »Familienmanagerin« sei, so der langweilig politisch-korrekte Ausdruck für »Hausfrau«, und auch darüber reden möchte, antwortete eine Facebookerin: »Ist nicht jede Hausfrau, die nicht gerade in einem Hotel wohnt?« Eine andere verteidigte ihr Lebenskonzept mit dem Kommentar:

»Management 24/7, keine Pause, kein Schlaf, wenig Geld. Aber dafür Liebe pur und das ist unbezahlbar.« Als ich sie später interviewte und sie sich auch fotografieren ließ, sagte die 37-jährige Eva W., dass sie sich angesichts der tristen Kinderbetreuungsangebote »vom Staat schon sehr alleingelassen fühle.« Sie plante, mit ihrer kleinen Tochter Sarah für insgesamt drei Jahre zu Hause zu bleiben, und fand, dass »das Kinderkriegen einem in unserem Land extrem schwer gemacht wird.«

Selbst bei emanzipierten und genderpolitisch fortschrittlichen Paaren, fand das vom Sora-Institut 2010 beauftragte »Frauenbarometer« heraus, werden die Deals »Wir-nehmen-uns-die-Hälfte-der-Welt-und-teilen-uns-dabei-das-Haus« brüchig, sobald das erste Kind das Licht der Welt erblickt. Die US-Feministin Naomi Wolf hat über dieses Katergefühl schon vor zwölf Jahren das Buch »Misconceptions« geschrieben und an ihrer eigenen Mutterschaft erkannt, »dass Kinderkriegen in dieser Gesellschaft für eine Frau noch immer einem persönlichen Opfer gleichkommt.«

Das ist eine desillusionierende Erkenntnis, die die schwedische Journalistin und Autorin Maria Sveland in ihrer Polemik »Bitterfotze« verarbeitete, wobei im schwedischen Umgangsjargon der deftige Begriff als Synonym für eine frustrierte und dementsprechend schlecht gelaunte Frau steht: Sara sitzt auf dem Trockengebiet der Desillusionierung. Die Versorgung eines Sohnes im Windelalter, ein Mann mit einer »Vollblutkarriere«, der sich gegen einen 50:50-Deal bei der Brutpflege sanft, aber konsequent wehrt, das ständige schlechte Gewissen, zu viel oder zu wenig als Journalistin zu arbeiten und die damit verbundene Endloserschöpfung haben sie »bitterfotzig« gemacht. »Ich ertrug den schmutzigen Ballast nicht, der unweigerlich mit der Ehe folgt«, schreibt Sveland, »Jahrhunderte der Unterdrückung; Millionen unglücklicher Menschen, die im Hintergrund rumoren … Mein armer Kopf ist vollgestopft mit falscher Liebe …«

»Bitterfotze« ist eine wütende, aber auch resignative Abrechnung mit dem Scheitern des Feminismus. Der Wunsch nach einem »Spontanfick« oder »zipless fuck«, wie es im Original heißt, im wilden Sinn Erica Jongs und ihrem Debütroman »Angst vorm Fliegen«, liegt für die Protagonistin nicht einmal mehr im Bereich der Vorstellbarkeit. »Ich wollte keinen Sex«, sinniert Svelands desillusionierte Protagonistin Sara, als sie in der Badewanne »Angst vorm Fliegen« liest, »und auch keine Affäre mit einem ebenso unglücklichen Deppen … Sogar meine Tagträume handeln vom Alleinsein und vom Zeithaben … Alles ist wie abgeschaltet.«

Die Mutterschaft als erfüllende Kompensation für verlorene Freiheit funktioniert in dieser gesellschaftlichen Realität nicht, wie sich Sara und wir alle uns das vorgestellt haben. Es fehlt nicht an der Liebe zum Kind, doch die nahezu alleinige Verantwortung beginnt Sara so zu lähmen, dass sie ausbrechen muss: »Ich wünsche mir, ich könnte so frei lieben wie Väter.« Eine Mutter, die die Versorgung ihres Kindes radikal und ungeschönt als Last und Fessel empfindet und das auch ausspricht, war ein Schock für die Öffentlichkeit – selbst in einem für seine Liberalität und sein hohes Gleichberechtigungsniveau oft gepriesenen Land wie Schweden.

Mangelware Kindergartenplätze

Skandinavien gilt generell bei allen Gender-, Kinderbetreuungs- und Bildungsdebatten als das Vorzeigeterritorium Europas, was die gesellschaftspolitische Fortschrittlichkeit betrifft. Trümmerfrauen, die sich zwangsemanzipiert durch den Schutt des Dritten Reichs kämpften, ihre Männer im Krieg verloren hatten und in den Fünfziger- und Sechzigerjahren dementsprechend erschöpft von einem Herdtrieb erfasst worden waren, existierten im Norden Europas nicht. Wie in der DDR war die berufstätige Frau in diesen Dekaden in Skandinavien kein Exotikum, sondern an der Tagesordnung. Kindergartenplätze mit bestens ausgebildeten Pädagoginnen ab dem zweiten Lebensjahr und eine Gesamtschule mit fix integrierter Nachmittagsbetreuung gehörten schon damals zum »state of the art« der Versorgungspolitik.

Was für ein feministischer Magic-Life-Club der Norden Europas sein kann, zeigte die hervorragende dänische TV-Serie »Borgen«. Die erste Premierministerin in der Geschichte des Landes ist weder Eiskönigin noch Machtfurie. Wenn Brigitte Nyborg (fantastisch gespielt von Sidse Babett Knudsen) abends müde von den machiavellistischen Ränkespielen aus Christiansborg, so die Kopenhagener Schlossfestung und der Regierungssitz, in ihr IKEA-Sofa plumpst, massiert ihr der durchaus begehrenswerte Ehemann die Füße. Er ist alles andere als ein Weichei, sondern stolz und Stütze, und bekommt auch keinen Kastrationskomplex, wenn er den beiden gemeinsamen Kindern abends Fischstäbchen in die Pfanne schmeißt oder ihnen die vergessenen Schlittschuhe in den Sportunterricht nachchauffiert.

»Das wichtigste für eine Frau, die erfolgreich sein will«, erklärte die Physikerin und Wittgenstein-Preisträgerin Ulrike Diebold in einem »Kurier«-Interview, »ist es, einen Mann zu finden, der diesen Erfolg auch erträgt.« Sollte sie zur Karriere noch ein Kind wollen, muss der Staat endlich seine Verantwortung als Nanny ernst nehmen.

Laut OECD-Daten befindet sich Österreich, was die Kinderbetreuungsquote und die dazugehörige pädagogische Qualität betrifft, im beschämenden Hinterfeld Europas. Noch beim EU-Kongress 2002 in Barcelona hatten sich alle teilnehmenden Staaten darauf geeinigt, dass bis 2010 mindestens so viele Betreuungsplätze geschaffen werden sollten, dass die Altersgruppe der Drei- bis Fünfjährigen zu 90 Prozent und die der Dreijährigen zu 33 Prozent versorgt werden können. Bis heute sind wir von den EU-Vorgaben meilenweit entfernt: Insgesamt müssten mehr als 80.000 neue Betreuungsplätze geschaffen werden. Auch das Niveau der Frühbetreuung ist mehr als bedenklich: Oft kommen auf eine Pädagogin bis zu 25 Kinder in der Altersgruppe der Drei- bis Sechsjährigen. Als Mindestforderung gilt jedoch ein Betreuungsschlüssel von 1:15. Eine individuelle Förderung ist bei einer solchen Betreuungsquote dementsprechend unmöglich.

Abgesehen von der pädagogischen Ausbildung, die für Kindergarten-Erzieher mehr als dürftig ist, erweist sich auch die Bezahlung für die Betreuung des wertvollsten Kapitals, das eine Gesellschaft besitzen kann, als katastrophal schlecht. Der Versorgungs-Engpass treibt Mütter scharenweise aus dem Arbeitsmarkt. Oder sie steigen erst gar nicht ein.

Die Studienabsolventin, die sich dem Arbeitsmarkt zugunsten ihrer Mutterschaft und aufgrund der schlechten Betreuungsangebote freiwillig entzieht, ist eine statistisch belegbare Tatsache. Obwohl jährlich deutlich mehr Frauen als Männer in Österreich maturieren, sprich das Abitur machen, und auch an den Universitäten ihre Studien schneller und mit besseren Noten abschließen, hat das auf dem Arbeitsmarkt alles andere als positive Konsequenzen.

»Frauen geben vermehrt an, dass sie ihr Studium einfach ausprobieren wollten«, so der Soziologe Martin Unger, der als Experte für die Chancengleichheit im Bildungswesen gilt, »wobei Männer schon neben dem Studium zusätzlich intensiver arbeiten und auch mit mehr Ansehen und einem höheren Einkommen rechnen.«

Was die Evolutionsbiologie sich vor geschätzten Zehntausenden Jahren ausgedacht hat, ist offensichtlich noch immer fest im Verhaltenskodex zementiert. Die Geburt der Hausfrau setzt die US-Anthropologin Helen Fisher mit dem »Beginn von Ackerbau und Sesshaftigkeit« an: »Zu diesem Zeitpunkt entstand auch die Gesellschaftsstruktur des Patriachats; im Nomadendasein war die Menschheit nämlich noch gleichberechtigt organisiert.«

Am Krisenherd

Die schleichende Rückkehr der Hausfrau, die in liberalen Kreisen bis vor zehn Jahren noch als anachronistische Repräsentantin eines reaktionären und unter allen Umständen zu vermeidenden Wertesystems galt, ist generell keine Konsequenz eines wieder aufflammenden Neo-Konservativismus, wie ihn die deutsche Ex-Fernsehsprecherin Eva Herman vor einigen Jahren losgetreten hatte. Sie ist eine Reaktion auf eine wachsende Verunsicherung, die vor allem durch die existenzbedrohliche Wirtschaftskrise initiiert wurde, und Ergebnis einer großen Desillusionierung. Herman erklärte damals in ihrem unsäglichen Buch »Das Eva-Prinzip« den »durchorganisierten Superweibern«, die sich doch bitte um die »Rehabilitierung des eigentlichen weiblichen Schöpfungsauftrags«, der Mutterschaft, kümmern sollten, den Krieg. Die Debatte rief den Feminismus empört auf den Plan, der diese »zwischen Steinzeitkeule und Mutterkreuz« liegende Herman-Schlacht zum »Knochenkotzen« fand, wie es die deutsche Schriftstellerin Karin Duve im »Spiegel« formulierte.

Doch die Waffenarsenale in allen feministischen Fraktionen konnten bald wieder verschlossen werden. Denn Herman räumte sich 2007 praktischerweise selbst aus dem Weg und beging beruflichen Selbstmord, als sie beim PR-Gedonner für ihr zweites haarsträubendes Buch in der »Bild am Sonntag« über »Werte wie Familie, Kinder und das Mutterdasein« sprach, »die auch im Dritten Reich gefördert wurden, anschließend aber durch die 68er abgeschafft wurden. Vieles, was in dieser Zeit hochgehalten wurde, wurde danach abgeschafft.«

Mit einer so strohdummen wie bornierten Aussage war die Tagesschau-Moderatorin nicht einmal mehr CSU-tauglich und ist seither von der Bildfläche verschwunden. Danke, »Bild am Sonntag«, auch dafür.

Parallel zur Herman-Schlacht inszenierte sich die Ivy-League-getrimmte Publizistin und Zwillingsmutter Caitlin Flanagan im zyklamenfarbenen Twinset und mit Zuchtperlenkette in den USA als Verkündigungsengel der Reaktion. In ihrem Buch »To Hell With All That« forderte Flanagan, regelmäßige Beitragslieferantin für Magazine linksliberalen Schicks wie den »New Yorker« und »The Atlantic«, die Frauen auf, die Einzigartigkeit des ersten Mutterglücks ins Kalkül zu ziehen, sich gefälligst dahinter zu verbarrikadieren und auch den Mut zu ihrer »inneren Hausfrau« wieder zu entdecken. Allen würde es doch besser gehen, wenn Papa abends ein Wok-Gericht gebrutzelt kriegt, wo auch die Stressfreiheit mitgekocht hat.

Inzwischen hat sich die Welt radikal verändert – mit harten wirtschaftlichen Konsequenzen. Wir sind in eine Krise geschlittert, mit der kein Mensch gerechnet hatte. Der Mittelstand ist zerzaust, ich kenne erstmals in meinem Leben Arbeitslose meines Alters und meiner sozialen Schicht. Plötzlich waren sie da – Männer und Frauen um die 40, die am Wegesrand der einstigen Boombranchen liegen geblieben sind und in dieser Lebensphase, in der der Aufbau längst vollzogen sein sollte, auf studentischem Niveau und von der Hand in den Mund leben.

Die Motive für die »Cocooning«-Welle und das Idylle- und Kuschelbedürfnis im Wertekatalog der österreichischen und deutschen Teenager klassifiziert Manfred Zentner, Geschäftsführer des in Wien und Hamburg stationierten Jugendmarktforschungsinstitut t-factory, als klare Reaktion auf die grauen Zukunftsaussichten. Bei den qualitativen Interviews seiner Jugendlichen dominiert 2011 der Wunsch nach Familie jegliche Karriere- und Berufsambitionen, das sei ein eindeutiges Resultat der verschärften Wirtschaftslage, der wachsenden Jugendarbeitslosigkeit und der damit flächendeckend um sich greifenden Resignation: »Die Realität zeigt den Jugendlichen, dass ihre Ambitionen, was Ausbildung und Einsatz im Berufsleben betrifft, nicht belohnt werden. Der Rückzug in die Häuslichkeit entspringt meiner Ansicht weniger einem ideologischen Backlash, sondern einem Pragmatismus. Sie sehen einfach keine Chancen auf Anerkennung ihrer Bemühungen und klinken sich deswegen lieber aus einem System aus, dem sie längst nicht mehr vertrauen.«

Zentners Schätzung nach steht das Geschlechterverhältnis beim Bedürfnis, sich vor dem kalten Wind der Realität zu verbarrikadieren, in einem Verhältnis von 70 Prozent Mädchen zu 30 Prozent Buben. Auch er stützt die Überzeugung, dass die ausgepowerten doppelbelasteten Mütter, die diese Generation von Frauen groß gezogen hat, zusätzlich prägten: »Die Töchter haben hautnah miterleben können, dass die gelebte Verbindung von Beruf und Familie für diese Frauen nicht gerade lustig ist. Und jede Jugendgeneration möchte ihr Leben einfach anders und besser gestalten als die ihrer Eltern. Die Parole lautet: ›Diese Art von Leben möchte ich mir einfach nicht antun.‹«

Eine Beobachtung, die auch Alice Schwarzer in einem »profil«-Interview teilt: »Es ist eine bittere Ironie der Frauenbewegung, dass wir es mit einer vollends erschöpften Generation zu tun haben. Während wir damit beschäftigt waren, nach der Welt zu greifen, haben die Männer nicht die Hälfte des Hauses übernommen. Wer gibt schon freiwillig Privilegien ab? Man schafft 5000 Jahre Patriarchat nicht in 30 Jahren ab. Darüber haben sich die jüngeren Frauen Illusionen gemacht, und jetzt sitzen sie wieder in der Falle.« Und diese Falle machen sie sich jetzt so richtig kuschelig – mit selbst gemachter Marmelade und vielen Vorhängen.

Wie anstrengend die Gratwanderung sein kann zwischen einer Existenz als Powerfrau, die sich frech die Hälfte der Welt krallt, und einem Mutterleben, in dem Kuchen für die Schulparty im Morgengrauen gezaubert werden müssen, demonstrierte Sarah Jessica Parker in der Post-Sex-and-the-City-Kino-Verfilmung des britischen Bestsellers »Working Mum – der ganz normale Wahnsinn«, in der sie trotz ihres Lebens unter Dauerstrom auch noch Zeit für eine prickelnde Affäre mit ihrem Geschäftspartner Jack in Gestalt von Pierce Brosnan findet.

Abgesehen von ein paar Bananenbrei-Flecken auf dem Dolce &Gabbana-Kostümchen sitzen in der Hollywood-Variante Frisur und Make-up, »obwohl diese verdammten Tage nicht mehr als 24 Stunden haben« und man nachts Alpträume von To-do-Listen hat, die noch nicht einmal bis zum ersten Drittel abgearbeitet wurden.

Die Realität zeigt sich da noch wesentlich unglamouröser und deprimierender. Die Wienerin Elisabeth F. schaffte es mit knapp 30 in das Topmanagement einer internationalen Logistikfirma. Nach der Geburt ihres Sohnes versuchte sie es nach einer vierjährigen Karenz zunächst mit einer Zwanzig-Stunden-Lösung und arbeitete zusätzlich noch am Nachmittag von zu Hause aus. Als sie kurz darauf wieder schwanger wurde, entschied sie gemeinsam mit ihrem Mann, endgültig zu Hause zu bleiben: »Es blieb einfach zu viel auf der Strecke, ich war einfach nur noch geschlaucht. Es ist wichtig, im Leben Prioritäten zu setzen, und meine ist eindeutig die Familie.«

Die Umstellung von der Top-Managerin zur Vollzeit-Mutter genießt sie heute, wie sie mehrfach beteuert, außerdem erfordere der Alltag auch »ein komplexes Management«. Traumatisierende Wirkung hatte auch die eigene Kindheit besessen: »Meine Eltern hatten nie Zeit für uns Kinder und ich habe das als schwierig empfunden.« Sorgen macht sie sich allerdings um ihre finanzielle Zukunft: »Da braucht es viel Vertrauen in die Partnerschaft.«

Tretminenfeld Beziehung

Wir wissen, wie brüchig und krisenanfällig Partnerschaften heute sind. Im urbanen Raum wird inzwischen jede zweite Ehe gesprengt. Dass die Scheidungsrate in den letzten Jahren etwas abgenommen hat, ist nicht mit einer plötzlichen Hausse für die Liebe zu erklären, sondern mit dem verschärften wirtschaftlichen Gegenwind. Trennungen sind für viele Menschen wirtschaftlich einfach nicht mehr zu stemmen. Seine Existenzgrundlage auf einer Partnerschaft aufzubauen ist in jedem Fall fahrlässig – vor allem, ganz im Sinn von Ibsens »Nora«, gegen sich selbst.

»Serielle Monogamie«, wie die Trendologen das nennen, ist quer durch alle Schichten das vorherrschende Paarungs-

stil-Prinzip. Die Schatzi-Suche wurde ja auch wesentlich un-
kompliziert er. Per Mausklick kann man sich, sollte eine Beziehung störungsanfällig und mühsam werden, schon das nächste Glück besorgen. Klar, dass sich keine(r) unnötig quälen will,
schließlich sind wir alle der verführerischen Illusion verfal-
len, dass, wenn man auseinandergeht, an der nächsten virtuellen Ecke »schon ein anderer« steht, wie es in einem Marlene-
Dietrich-Song heißt.

Lassen ihre Klientinnen beim ersten Beratungsgespräch
den Begriff »Hausfrau« fallen, schlagen Wiens renommier-
teste Scheidungsanwältinnen nur die Hände über dem Kopf
zusammen.

»Ins sichere finanzielle Verderben fallen bei einer Scheidung die klassischen Hausfrauen«, warnt Helene Klaar, »die
totale Unterwerfung ist nicht die Garantie, dass eine Ehe hält.
Mit 30 können sie noch im Job wieder einsteigen, mit 50 ist
der Zug dann abgefahren.« Bestenfalls mit 50, würde ich meinen, in der gegenwärtigen Krisensituation kriegt man wahrscheinlich auch mit 45 kaum mehr ein Bein in den Arbeitsmarkt, schon gar nicht, wenn man keine Berufserfahrung
nachweisen kann.

Im Zuge meines journalistischen Lebens, in dem ich auch
viele Geschichten über die Brüchigkeit von Beziehungen,
Scheidungsrecht und Trennungskinder geschrieben habe, bin
ich im Dunstkreis meiner Recherchen immer wieder auf Frau-
en gestoßen, die es nach der Scheidung mit vollem Karacho
aus der Kurve ihres Lebensstandards geworfen hat. Es waren
meist Frauen, die freiwillig zugunsten ihrer Kinder oder auf
Bitten ihres Mannes zu Hause geblieben waren oder unange-
meldet im Familienbetrieb mitgearbeitet hatten.

Nach der Trennung waren sie in der Regel ein bis zwei soziale Etagen tiefer aufgewacht und mussten demütigende Jobs

annehmen, um auch nur irgendwie über die Runden zu kommen – besonders, wenn der Mann selbstständig war und über dementsprechend schwierig nachzuweisende Einkommensverhältnisse verfügte.

Die Familienrechtsanwältin Andrea Wukovits warnt vor der Teilzeitfalle: »Ich kann allen Frauen nur raten, sich nie abhängig zu machen und auch nicht auf Teilzeit zu gehen, sondern voll erwerbstätig zu bleiben. Vor einem Leben als Hausfrau ist nicht nur vom ideologischen, sondern auch vom juristischen Standpunkt dringend zu warnen.«

Im internationalen Vergleich liegt Österreich zwar mit einer Frauenerwerbsquote von 66,4 Prozent laut Eurostat-Berechnung deutlich über dem europäischen Durchschnitt von 58,2 Prozent, dennoch täuscht diese Statistik über die tatsächliche Arbeitswelt-Situation hiesiger Frauen: Denn die haben, wie schon erwähnt, eine viel höhere Teilzeit-Quote und bleiben viel länger in Karenz als in anderen europäischen Ländern. Die Erleichterung der Rahmenbedingungen ist in krisengeschüttelten Zeiten nicht wirklich zu erwarten.

Hausfrauen-Revolution

Die Schauspielerin Marie Therese Relin, 49, wählte ein Leben als Fulltime-Hausfrau und -Mutter. Mit der Geburt ihrer ersten Tochter 1988 und der Ehe mit dem Schriftsteller Franz Xaver Kroetz, aus der zwei weitere Kinder entstammten, versickerte auch ihre Karriere. Vor 14 Jahren wollte sie sich gegen das lausige Image ihres Lebensentwurfs zur Wehr setzen und gründete das Internetforum »Hausfrauenrevolution«. Seit 2006 ist sie geschieden, ihr Mann mit einer »um 30 Jahre Jüngeren« zusammen, das hat ja in unserer Familie Tradition« und ihr aktueller Rentenstand in Deutschland beträgt satte 265 Euro. Das Hausfrauenforum hat sie längst dicht gemacht: »Da war mir dann letztendlich doch einfach zu viel Gezicke.«

Ihre Kinder waren zwar, im Rückblick betrachtet, »jede Karriere der Welt« wert, sagt sie in einem Telefonat, das wir anlässlich des Hausfrauen-Revivals miteinander führten, aber natürlich habe sie Fehler gemacht: »Ich hatte einen Schriftsteller zu Hause, der war zwar 24 Stunden da, wollte aber dabei nicht gestört werden. Wir Frauen wollen immer die Guten sein, die ganze Verantwortung auf uns nehmen. So entmachten wir den Mann natürlich auch. Wenn wir nichts fordern und immer um den heißen Brei herumreden, werden wir natürlich auch nichts verändern. Das war mein großes Versäumnis: Ich habe nicht klar artikuliert, was ich wollte.«

Ihren beiden Töchtern will sie unter keinen Umständen als Nur-Hausfrauen und Mütter sehen: »Ich kann ihnen nur raten: Macht euch selbstständig, begebt euch bloß in keine Abhängigkeit. Ihr habt ja noch eine junge Oma, die euch unterstützen kann.« Denn eines sei sicher: »Eine berufstätige Mutter, die ständig unter Strom steht, aber gut drauf ist, ist besser als eine, die frustriert zu Hause sitzt und der die Decke auf den Kopf fällt.«

Diese Überzeugung trägt auch ein Mann, der in einer ganz anderen Ecke forscht. Der mehrfach preisgekrönte Verhaltensbiologe Kurt Kotrschal, Nachfolger von Konrad Lorenz, der die Beobachtung des Wolfsverhaltens zu seinem Hauptthema gemacht hat, widerspricht dem Mythos, dass eine Mutter nur dann eine gute Mutter ist, wenn sie dauernd um das Sonnensystem Kind kreist: »Wenn eine Mutter zu Hause nicht glücklich ist und sich in die Kinderbetreuung getrieben fühlt, wird sie zu einer desorganisierten Bezugsperson.« Als solche erzeuge sie, auch als Vollzeit-Mutter, beim Kind Stress, Ängstlich-

keit, Verunsicherung und eine stark reduzierte Vertrauens-
fähigkeit. Aus dieser Gefühlsmischung entwickelten sich in
der Folge drei Persönlichkeitstypen: die »Klammeraffen«, die
gleichzeitig aggressiv auf Bezugspersonen reagieren, die Kon-
troll-Freaks, die ihre Eltern ständig überwachen, und jene, die
keine Zuwendung bei Menschen suchen, sondern sich vor allem toter Materie in Form von Gegenständen widmen, da diese sie nicht enttäuschen können.

Und was rät Frankreichs feministische Paradedenkerin und
dreifache Mutter Elisabeth Badinter nun im Kontext all dieser
Überlegungen jungen Frauen, die über ihre Sesshaftwerdung
nachdenken?

Die dreifache Mutter sieht aus dem hohen Fenster ihrer ele-
ganten Pariser Altbauwohnung mit Blick auf den Jardin du
Luxembourg, wo viele Mütter neben ihren spielenden Kindern auf der Bank sitzen: »Man sollte sie warnen! Es ist sicher-
lich langweilig, den ganzen Tag mit einem Kleinkind zu verbringen. Nur traut sich das keine zuzugeben. Ich kann den
jungen Frauen nur sagen: Seid mittelmäßige Mütter! Und
lasst euch unter keinen Umständen aus dem ökonomischen
Kreislauf drängen!«

Muttertag in Afrika

Für die Verfechter des Retro-Mutterkults fallen natürlich solche Muttertypen, zu denen ich zähle, unter eine mehr als dis-
kussionswürdige Raben-Variante.

Und ja! Ich war maximal eine sehr mittelmäßige Mutter.
Und zwar mit Hingabe. Alleinerziehend, sehr berufstätig, kein
Talent bei der Gestaltung von Jausenbroten, nie die Fingerfar-
ben rechtzeitig gekauft. In den 14 Jahren ihrer Schulpflicht

habe ich keine einzige Hausaufgabe mit meiner Tochter gemacht. Ich vertraute meiner Intuition. Und die sagte mir: Was du deinem Kind angstfrei zutraust, das kann es auch. So wie mein Frauenarzt zu mir gesagt hatte: »Sie sind kein Typ für Geburtsvorbereitungskurse, weil nahe genug an die Natur gebaut.«

Und tatsächlich, die Sache war schnell erledigt. Die, die in meiner Geburtsklinik 16 Stunden in den Wehen gelegen hatten, hatten solche Veranstaltungen mehr als regelmäßig besucht. Auf ihren Nachttischen stapelten sich die Ratgeber: Sie wollten alles richtig machen, betrachteten ihr Kind bereits in der Entstehungsphase als Kampfauftrag, vertrauten nicht auf ihren Bauch und begaben sich somit in die freiwillige Entmündigung. Als ich meine Tochter noch stillte, nahm ich sie manchmal mit ins Büro, wo sie oft bis spät in der Nacht in ihrem Kinderwagen vor sich hin quäkte.

Ich dachte einfach, ich lege es afrikanisch an: Mit dem Kind auf den Rücken geschnallt – rauf auf die Scholle! Die schwarzafrikanischen Babys auf diesen Fotos in »Geo« oder »National Geographic« sahen meistens sehr entspannt aus.

Bis zu ihrem zwölften Lebensjahr hatte meine Tochter gelernt, sich mit sieben Au-pair-Mädchen zu arrangieren. Das Kind ist heute 20. Und noch immer keine Bankräuberin oder potenzielle Axtmörderin. Sie geht aufrecht, spricht in ganzen Sätzen und besitzt mehr soziale Intelligenz und Anpassungsfähigkeit als der Rest der gesamten Familie.

Klar wollte ich das Kind, wenn ich schon zu wenig zu Hause war, kreativ beatmen: Klavier, Ballett, Tennis, Yoga. Nichts blieb. Wahrscheinlich hatte ich einfach die falschen Sachen ausgesucht oder zu oft »Du musst ...« oder »Du sollst ...« gesagt. Die Schule hatte sowieso komplett versagt, was ihre kreative Anregungskraft betraf. Inzwischen habe ich kapiert, dass

Kinder noch viel selbstbestimmter sind, als Helikopter-Eltern in ihren schlimmsten Träumen befürchten. Die Dinge, die meine Tochter heute mit Leidenschaft betreibt, hat sie sich selbst ausgesucht. Von ihrem 13. bis zu ihrem 17. Lebensjahr hat sie unglaublich viel Unfug gemacht. In dieser Zeit kapierte ich, wie es sich anfühlt, jemanden zu lieben, den man überhaupt nicht leiden kann. Wenn sie mir signalisieren wollte, wie besonders egal ihr meine Bitten, Einwände etc. waren, knurrte sie nur:»Muttertag in Afrika.« Die Langfassung lautete:»Chill dein Leben, du Opfer. Nur der Muttertag in Afrika könnte mich noch weniger tangieren als dein Gelaber.«

Manchmal war dieser Unfug so knallhart, dass ich schluchzend in der Praxis meines Psychotherapeuten saß und schniefte:»Warum ist das Kind so grausam? Wie kriege ich sie wieder auf Schiene?«

Mein Psychotherapeut sah mich dann (wie immer) ohne Mitleid an und antwortete in seiner trockenen Art:»Ich muss Ihnen leider die traurige Mitteilung machen, dass es ohnehin längst zu spät ist, Ihre Tochter zu erziehen. Die Geschichte ist erledigt.« Und dann sagte er zwei Sätze, die wie Weisheiten aus der Billig-Kollektion von Paulo Coelho klangen, aber wirkten:»Zeigen Sie ihr, dass Sie ein eigenes Leben haben und nicht von ihrer Zuwendung abhängig sind! Und leben Sie ihr kommentarlos vor, was Sie gerne von ihr hätten.« Und tatsächlich: Es klappte. Oft mit erheblichen Zeitverzögerungen. Heute verbringt meine Tochter wenig Zeit mit mir, aber die freiwillig. Sie wirft mir vor, dass ich mich zu wenig in den Haushalt einbringe. Gesünder leben soll. Immer nie da war, als sie klein war. Und ich antworte dann nur mit buddhistischer Gelassenheit:»Muttertag in Afrika.«

Und? Wie geht's eigentlich den Männern mit all dem?

Patient Mann: Und wer ist jetzt wieder dieser Weepie?

>»Talk low, talk slow and then don't say very much.«
>JOHN WAYNE, *Schauspieler*

>»Es ist unglaublich, was passiert, wenn man müde ist.«
>GEORGE W. BUSH, *vormals US-Präsident*

>»Am liebsten läg' ich da auf dem Steinboden
>und tät' heulen ... Ah nein, das darf man nicht tun!
>Aber weinen tut manchmal so gut ...«
>»LEUTNANT GUSTL« *von Arthur Schnitzler*

»In Zukunft gibt es in meinem Leben nur mehr eine Maxime beim Selektionsverfahren«, seufzte F und plumpste in mein Sofa, »nur mehr Ärzte und keine Patienten.«

Sie bezog sich mit dieser Aussage nicht darauf, dass man seine zukünftigen Männer ausschließlich aus dem Berufsstand der Weißmantel-Paviane rekrutieren sollte. Nein, F wollte der Menschheit mitteilen, dass es ihr reichte mit den Montagsmodellen von Männern. Nachvollziehbar und verständlich. Im letzten Jahr hatte sie einen verdammt schlechten Lauf hingelegt. Durchgängiges Patientenaufkommen. Zuerst war da dieser K, der sein Verständnis von Monogamie auf drei Frauen aufteilte. Die Blamage à trois flog auf, als sie alle seine drei Handys fand und die entsprechenden SMS-Verkehre (»MYA« – für »Miss you already!« usw.) überprüfte. Trost suchte sie dann bei dem einfühlsamen B, dessen nicht ganz eindeutige sexuelle Ausgerichtetheit sich mit einer Ken-Sammlung, die inzwischen »einen ungeheuren

Wert« verkörpere, und hohem Pastellfarben-Faktor im Kleiderschrank ohnehin schon angedeutet hatte. Es war eigentlich schon schlimm genug, dass der Typ nachts nicht schlafen wollte, weil er sich auf der weltweiten Jagd nach neuen Varianten von Barbies bezauberndem Gatten auf eBay einloggte und die Konkurrenz durch neue Gebote aus dem Feld schlagen musste. Aber als auf seinem Computer auch noch im Verlauf »Gay Romeo«, die Datesite für den gleich-geschlechtlich orientierten Mann, angezeigt wurde, konnte man sich die Sache nicht länger schön trinken. Drama, Desaster, Elend. Und dann kam der Urologe, der eigentlich seelische Festigkeit versprach. Er verließ sogar innerhalb von sechs Wochen seine Freundin. Aber nicht, um bei F, sondern schnurstracks bei seiner Mutter einzuziehen. Die nannte ihn »Burlibu« und lief ihm beim Verlassen der Wohnung gerne mit Mütze und Schal nach. Im Schlaf sagte er F dafür »Mutti, komm' kuscheln!« Gespenstisch auch dieser Arzt, der eigentlich ein schwerer Patientenfall war.

»Und jetzt?« fragte F. »Schritt eins des Heilungsprozesses: Töte zuallererst die innere Krankenschwester in dir! Der Rest ergibt sich von selbst.« – »Sterben innere Krankenschwes-tern durch erhöhte Alkoholzufuhr?«, fragte sie mich voll der Hoffnung. *Polly Adler*

* * *

Bei der Beobachtung der gegenwärtigen Gender-Debatten beschleicht einen irgendwie der Verdacht, ein Ticket für eine grausame Zeitreise gelöst zu haben. Zwischen »Testosterone, go home« und »Wer genau hat diese Heulsuse von Mann bestellt?« befetzen sich feministische Furien, Bobo-Grüb-lerinnen, grundgekränkte Hausmänner und Burn-out-zer-mürbte Manager, die jetzt auch endlich einmal nicht mehr tüchtig sein wollen. Schon im Alter von 20 Jahren habe ich in Redaktionsstuben Glaubenskriege à la »Wie viel Softie verträgt so ein Mann?« zu führen gehabt. Wir sind offensichtlich keinen Zentimeter weitergekommen. Ich klopfe einmal bei der nächsten Generation an. »Fortpflanz«, rufe ich in das Zimmer, in dem auch andere Girlies zwischengelagert sind, »was muss denn so ein Knabe in etwa draufhaben, damit ihr ihn als Kerl ernst nehmt?«

»Opfer gehen gar nicht«, nölt eine.

»Opfer wovon? Den Umständen, einer Lawine?«

»Mama, du kapierst wieder einmal gar nichts«, keift der Fortpflanz zurück, »Opfer ist einer, der nichts gebacken kriegt.«

»So ein dauerkiffender Loser halt!«, kriegt sie Schützenhilfe von einer mit akuter Krise, weil ihr »mein Voll-Spasti« mit einer 15-Jährigen durchgebrannt ist.

»Ist ein Weepie, also einer, der manchmal weint, auch ein Opfer?«, will ich wissen.

»Ist ok, wenn er flennt, wenn wir ihn verlassen haben«, macht sich eine zum Sprachrohr der Generation Gnadenlos, »oder wenn im Kino die Heldin stirbt. Voll danebst ist weepen, wenn seine Mutter stresst oder der Regenwald schlecht drauf ist.«

»Und wie sollen sich eure Typen da nur auskennen?«

»Wenn er sich nicht auskennt, muss er sowieso besser allein zu Hause weepen.«

Affirmatives Gekicher. Angesichts der Stahlbäder dieser 17plus-Prinzessinnen bin ich bei euch, ihr Buben, wenn ihr mit 15-Jährigen durchbrennt.   *Polly Adler*

* * *

»Dio«, seufzte Bonita und verdrehte ihre Augen, »gerade war alles so wunderwunderschön: Endlich verwitwet und Herrin in meinem Haus. Und schon rollt wieder dieser Tsunami durch mein Leben!« Der Tsunami war ihr Sohn und Bonita die Vermieterin meiner Freundin M, die seit über einem Jahrzehnt im prächtigsten Winkel Mallorcas lebt. Der 32-jährige Tsunami, so wehklagte sie weiter, habe zuerst seinen Job und dann die Liebe seines Lebens – was für eine treulose Schlampe aber auch, nun ja, wenn man sich mit den Hunden ins Bett legt, kommen die Flöhe – verloren und jetzt seine Zelte wieder in der »Casa Mamita« aufgeschlagen. Doch, doch, er bringe durchaus auch etwas in die neue WG-Situation ein: »Den Appetit eines Holzfällers und Pascha-Attitüden, die unseren abgedankten Juan Carlos wie einen Vorzeigefeministen erscheinen lassen.«

Bonita ist das Opfer eines neuen soziologischen Phänomens, des »Busy Nest Syndromes«: Scharenweise kehren nicht nur in Südeuropa, sondern auch im deutschsprachigen Raum die hauptsächlich männlichen Kinder wieder in den Schoß ihrer Mütter zurück. Die Ursachen für die »Hotel Mama«-Völkerwanderung sind unterschiedlich: Scheißkrise, böse Frauen, null Böckchen auf Erwachsensein, saugemeine Schicksalswogen. In einem Regionalblatt ist sogar von Eltern die Rede, die ihren 55-jährigen Sohn mit einem Kran aus ihrer Wohnung zwangsentfernen hatten lassen; der Papa wollte endlich wieder seinen Hobbyraum zurückhaben.

»Ich bin doch keine Waschmaschine mit Herz!«, zeterte Bonita weiter.

»Aber mit hervorragenden Kochkenntnissen«, erklärte M trocken. Ms Tochter, die nassforsche Elena, brachte Bonitas Barthaare jetzt endgültig zum nervösen Zittern: »Was geht mit euch Müttern eigentlich? Braucht man euch nicht, seid ihr beleidigt. Gibt man eurem Leben wieder einen Sinn, jammert ihr erst recht wieder.«

»Wir sind eben nicht nur Mütter, sondern auch Frauen«, seufzte Bonita und verabschiedete sich unter vehementem Ach-und-Weh-Geklage, weil der Tsunami nur einen Termin in seinem Leben wirklich ernst nahm: sein Abendessen.

Polly Adler

* * *

Im Zusammenhang mit dem neuen Phänomen »Muttersohn reloaded«, das wir der Wirtschaftskrise zu verdanken haben, und der generell hinausgezögerten Erwachsenwerdung der Generation Y, führte ich einige Gespräche mit dem Jugendforscher Bernhard Heinzlmaier, der mit seinem Trendinstitut t-factory seit Jahrzehnten die Psyche von Teenies und Twens im deutschsprachigen Raum untersucht und analysiert. Das lange Verharren im, aber auch die Rückkehr der jungen Männer ins Hotel Mama erklärt er mit einer etwas überraschenden Härte. Viele Frauen würden ihre Söhne einfach »zu echten Trotteln erziehen«. Sie verwöhnen sie, ohne sie zu fordern. Von Töchtern wird generell mehr Selbstständigkeit und Autonomie erwartet. Aus diesen symbiotischen Mutter-Sohn-Beziehungen entstünden dann im schlimmsten Fall »dissoziale Egomanen«. Nun gut, die seit Jahren in den Medien und der Populärpsychologie beschworene »Jungenkatastrophe«, wie sie der Sachbuchautor Frank Beuster begrifflich prägte und damit das verstärkte Schul-und Lernversagen so wie die höhere Anfälligkeit für psychische Störungen wie das Zappelphilipp-Syndrom (ADS), Depressionen und Konzentrationsschwächen begründete, geht nun einmal wieder auf das Konto der Frauen. Aber natürlich: In Einzelfällen stimmen meine Observationen mit Bernd Heinzlmaiers Analyse überein. Ich kenne allein-, aber auch im Eltern-Stereo erziehende Mütter, die ihre Söhne mit symbiotischer Liebe überfordern und sie als Partnerersatz missbrauchen beziehungsweise den Junior in eine emotionale Konkurrenz zum eigenen Mann stellen.

Dass das harte psychische Folgen haben kann, weiß man schon seit Sigmund Freud. Dessen Mutter Amalia nannte ihren Erstgeborenen unbekümmert »Sigi mein Gold« und überhöhte ihn auf nahezu unanständige Weise gegenüber ihren restlichen sechs Kindern.

Mit vier Jahren sah Sigmund Freud seine Mutter erstmals nackt und berichtet darüber seinem Forschungsfreund Wilhelm Fließ im Zuge seiner Selbstanalyse 1897: »Meine Libido ad matrem ist erwacht, und zwar aus Anlass der Reise mit ihr von Leipzig nach Wien, auf welcher ein gemeinsames Übernachten und die Gelegenheit, sie nudam zu sehen, vorgefallen sein muss.«

Würde man den Begründer der Psychoanalyse mit dem heutigen Erkenntnisstand seiner Biografie auf die Couch legen, wäre er als ein Bilderbuchfall von narzisstischer Persönlichkeitsstörung zu diagnostizieren, deren Wurzeln in einer Eislauf-Übermutter liegen. Einer Übermutter, die ihren hochtalentierten Gold-Sohn auch dazu missbrauchte, ihre freudlose Ehe mit dem viel älteren und finanziell bankrotten Wollhändler Jakob Freud zu kompensieren, indem sie ihn mit all ihrer Hoffnung und all ihren Sehnsüchten be- und überlastete. Diesen biografischen Voraussetzungen verdankt die Welt den Ödipuskomplex. Dass Söhne von ihren Müttern versaut wurden, ist aber beileibe kein gesellschaftliches Novum. Das kennen wir schon aus dem griechischen Tragödienmaterial.

Auch die Fernseh-Kupplerin Elizabeth T. Spira (»Liebesg'schichten und Heiratssachen«) beobachtet, dass die Mutter oder die Sehnsucht danach das männliche Selektionsprinzip wesentlich beeinflusst: »Männer sind sehr anfällig für mütterliche Frauen, die ihnen gern einen Gugelhupf backen und ein Papperl kochen. Viele Männer melden sich ja auch erst dann, wenn die eigene Mutter gestorben ist. Oft haben sie ja vorher bei der gewohnt.«

Männer-Defizite

Das Argument, das zur Erklärung der »Jungenkatastrophe« seit über einem Jahrzehnt immer wieder ins Treffen geführt wird, ist der exorbitante Frauenanteil in der Schul- und Kindergartenbetreuung und natürlich das stetig anwachsende Heer von Alleinerzieherinnen. Wie sollten denn die armen Knaben da auch nur ansatzweise ein gesundes Männlichkeitsbild entfalten können?

Pädagogik-Doktoranden aus Berlin und Mannheim haben 2011 alle verfügbaren deutschen und auch internationalen Studien zum Thema geschlechtsspezifische Lernerfolge akribisch untersucht und verglichen. Mit dem überraschenden Fazit, dass sich keinerlei Leistungsunterschiede feststellen ließen, die mit dem Geschlecht des Lehrpersonals in Zusammenhang standen.

Den sich hartnäckig haltenden Mythos von den Knaben als den großen Bildungsverlierern in einer nahezu ausschließlich von Lehrerinnen und Kindergärtnerinnen dominierten Pädagogik-Welt erklärt der Sozialforscher Marcel Helbig vom »Wissenschaftszentrum Berlin« »mit dem stark gewachsenen Selbstvertrauen und der Selbstverständlichkeit, mit denen Mädchen heute am Ausbildungssystem teilnehmen.«

Soziokulturell fest sitzt aber, neuen Untersuchungen zufolge, noch immer das Vorurteil, dass »Eltern ihre Söhne für intelligenter einschätzen als ihre Töchter«. Was natürlich auch zum Gefühl des Dauerdrucks und der Überforderung bei den Knaben beiträgt.

Die Absenz männlicher Bezugspersonen in Familie und Erziehung ist inzwischen längst weltweit zum statistischen Alltag geworden. Und auch sie ist kein Novum, das im Zuge der fortschreitenden Emanzipation losgebrochen ist: 1,5 Millionen tote Soldaten beklagten Ehefrauen und Mütter nach dem Ersten Weltkrieg; die Trümmerfrauen zogen nach dem Ende des NS-Regimes ihre Kinder häufig in frauendominierten Notgemeinschaften groß. Alleinerzieherinnen waren immer da. Denn es gab immer Kriege.

Väter, die ihre Rolle jenseits von Rohrstockschlägen und kurzem Scheitelstreicheln vor dem Schlafengehen wahrnahmen, waren bis weit ins 20. Jahrhundert Ausnahmeerscheinungen und Exotika.

Der Schriftsteller Joseph Roth erzählt vom abwesenden Vater »als fremden König«, für den er sich in seiner Kindheit glamouröse Lebensläufe zurechtzimmerte. Friedrich Hebbel, selbst eine tragische Vaterfigur, sprach vom »halben Vater«. In Marcel Prousts »Auf der Suche nach der verlorenen Zeit« galt der Vater als einer, bei dem man »das Schluchzen mit aller Macht unterdrückte« und es erst ausbrechen ließ, »wenn ich mit meiner Mutter wieder allein war«. Unter dem strengen Blick des Patriarchen »hatte man kein Recht auf Tränen«.

Auch im klassischen Familienkonstrukt begnügte sich der Vater bis zur 68er-Bewegung mit dem Rollenfach einer Low-Key-Bezugsperson.

Der zerzauste Mann

Es wäre also zu kurz gegriffen und obendrein noch falsch, das gegenwärtige Lamento über den bedenklichen Zustand des geschwächten Geschlechts allein mit einem männerdefizitären Erziehungsnotstand und der expandierenden Alleinerzieherinnen-Rate zu begründen.

Quasi als Replik auf das häufige Bashing der Solo-Mütter existieren auch zahlreiche internationale Studien, die diese Form der »Schuldzuweisung« entkräften. Alleinerzogene Kinder würden mehr Flexibilität, Anpassungsfähigkeit und soziale Intelligenz ins Leben mitbringen als jene, die im klassischen Kernfamilienverbund groß geworden sind. Aus der Notwendigkeit, zu Hause mehr mit anzupacken, würden sie auch früher die Fähigkeit zu Autonomie und Selbstständigkeit entwickeln.

In den Meinungsmedien wird in regelmäßigen Abständen »die Männerdämmerung« ausgerufen, wie der »Spiegel« eine Covergeschichte über den zerzausten Mann der Gegenwart titelte: »Jungen versagen in der Schule, Männer verlieren ihren Job, Kinder wachsen ohne Vater auf. Gesucht wird der moderne Mann.«

Und auch wir im »profil« begannen schon 2008 den Mann zum Pflegefall auszurufen – unter der Headline »Das schlappe Geschlecht«. Mit unserer Prognose »Wie die Wirtschaftskrise zur Zerreißprobe wird« lagen wir goldrichtig.

In einem »Zeit«-Dossier über den Zustand des »Mannes« und seine verlangsamte Fähigkeit, »mit dem gesellschaftlichen Wandel Schritt zu halten« schreibt das Autorinnen-Duo Raether und Stelzer: »Der moderne Mann befindet sich in der Phase Eins der Trauer über die verlorene Macht – er ist in der Phase, in der der Verlust noch geleugnet wird.«

Der moderne Mann weiß aber auch noch nicht so genau, was die moderne Frau von ihm will. Sie macht, so empfindet er das nun einmal, vorrangig Stress. Der österreichische Männerforscher und Psychoanalytiker Erich Lehner beschreibt den Klimazustand der Unsicherheit so: »Wir Männer wissen, dass etwas in der Luft liegt, können uns aber davon ganz gut fernhalten.«

Der Bart muss an!

Die Generation der 25plus-Männer in Berlin, London, New York, Hamburg und auch Wien hat als Antwort auf diese Unentschlossenheit einen Modetrend ins Leben gerufen: den Hipster. Der Hipster mit seinem Vollbart und der Arroganz der Gelassenheit stellt einen modernen Bastard aus Virilitätsanspruch und Softie dar.

Natürlich würde jeder puristische Hipster empört reagieren, wenn man ihn als solchen bezeichnete. Das ist ein pathologischer Nebeneffekt jeder Modebewegung: Die, die sie verinnerlicht haben, finden es dringend notwendig, sich davon zu distanzieren, in dem Augenblick, in dem der Trend den Mainstream erreicht hat. Das ist inzwischen längst passiert. Die Hipstermania, die eine Fortführung der vor zehn Jahren ausgerufenen Metrosexualität darstellt, ist zum Massenphänomen und manchmal auch zu ihrer eigenen Parodie verkommen: Versicherungsvertreter und IT-Verwalter tragen inzwischen die schwarzen Nerd-Brillen, die aufgekrempelten Blumendruckhosen, Vollbärte nach Art »viktorianischer Prediger«, Schnürschuhe aus Rauleder ohne Socken, die, so der britische »Guardian«, die Botschaft transportieren: »Ich kenne die Konventionen, aber ich setze alles daran, sie abzulehnen«. Die H&M-Hipster haben das Zeichensystem übernommen, aber die Ideologie dahinter, nämlich sich von der Norm abzuheben und sich nicht auf den leistungsdumpfen Neunbis-Fünf-Trampelpfad zu begeben, nicht in ihr Lebenskonzept integriert. Pionier-Hipster wohnen in Designer-WGs, verachten Autos und öffentliche Verkehrsmittel, fahren mit dem Edel-Fahrrad, das sie auch gerne einmal schultern, werken als DJs oder in der digitalen Bohème und kleiden sich in Secondhand-Stores und auf dem Flohmarkt ein. Sie haben nur eine Panikquelle: So zu sein wie alle anderen.

Der Gipfel der Vollbart-Welle ist inzwischen auf dem Höhepunkt angelangt und wird also demnächst wieder abflauen. Stars wie Jake Gyllenhaal, Bradley Cooper und James Franco tragen noch immer Wolle im Gesicht. Ohne Vollbart läuft zurzeit auf dem roten Teppich wenig. Der Bart scheint, so wie der Grill für den Reihenhaus-Spießer, ein letztes Relikt und Symbol einer archaischen Männlichkeit zu sein, die inzwischen längst verlorengegangen ist.

Über die Glut-Bande des Mannes erschien sogar vor einigen Jahren im Harvard University Press Verlag die anthropologische Abhandlung »Why Do Men Barbecue?« von Richard A. Shweder. Auf einem für akademisch ungeschulte Laien nur mühselig dechiffrierbaren Niveau untersucht Shweder das männliche Feuerverhalten quer durch die Weltkulturen und kommt zu dem Schluss, dass »die Rückkehr zu dieser Form der Barbarei ein besonderes Merkmal der zivilisierten Welt ist. Das Aufgreifen einer Sitte aus den Pioniertagen vermittelt dem Mann die Illusion, dass er im Besitz seiner angestammten Machtterritorien ist.«

Wunderbar ergänzt Jonathan Franzen in seinem Roman »Korrekturen« diese These mit der Figur des Gary Lambert, einem depressiven Alkoholiker und existenzbedrohten Bank-

abteilungsleiter, für den Grillen sowohl zu einer Art Zwangs-
neurose als auch zu einem seelischen Sabbatical wird. Zwar
hat der in der US-Provinz ansässige Familienvater, der seiner
Frau nicht mehr in die Augen schauen kann, den Verzehr seiner gemischten Grillteller »sehr, sehr satt«, aber die Aspekte
seines Lebens, »die nichts mit Grillen zu tun hatten«, erschie-
nen ihm wie die bloßen Echoimpulse einer fremden Existenz
»mitten im Dauerbeschuss jener Momente, in denen er Mes-
quiteholz anzündete und auf der Terrasse hin und her lief, um
dem Rauch auszuweichen.«

Hipster grillen natürlich nicht, aber der äußere Nachweis,
ein bisschen wild zu sein, kann auch für sie nicht ganz mü-
hefrei werden.

Denn nicht jedem ist ein üppiger Bartwuchs vergönnt. Aus
diesem Mangel entstand für Schönheitschirurgen inzwischen
ein lukrativer Geschäftszweig. Einer der erfahrensten Ärzte
im deutschen Haartransplantations-Geschäft heißt Bruce
Reith. Der Arzt schätzt, dass er in den vergangenen 17 Jahren
auf seiner Düsseldorfer Klinik rund 6000 Haartransplanta-
tionen hinter sich gebracht hat – bei 500 ging es auch oder ausschließlich um den Bart. Und noch nie war die Nachfrage so
groß wie jetzt. Von diesem Boom-Phänomen berichten auch
die Schönheitschirurgen in Manhattan und London. Natürlich ist die Bewucherungs-Mode auch Teil einer Gegenbewe-
gung: Denn im Zuge der Metrosexualität hatte die stilbewuss-
ten Männer eine kollektive Epilierungswut ergriffen, die auch
vor dem Intimbereich nicht halt machte. »Schrecklich«, hatte
eine Freundin von mir, die ein äußerst aktives Sexualleben
führte, damals gestöhnt: »Lauter Nacktschnecken! Man fühlt
sich wie eine Kinderschänderin.«

Weichgespült

Eigentlich kann uns das Behaarungsverhalten des Mannes ziemlich egal sein. Wir wollten – das stand auf unserer Forderungsliste ganz oben – vor allem Männer, die die Fähigkeit besitzen, zu ihren Gefühlen zu stehen. Wir hatten einfach genug von jenen Exemplaren, die sich so benahmen, als wären sie eben von der Liane herunter geplumpst oder der Neigungsgruppe John-Wayne-für-Anfänger entsprungen. Solche, die gerne unter Abgesang von garstigen Liedern blutiges Fleisch verzehrten und ihre Frauen »Puppi« oder »Mausi« nannten, damit sie ihr Gedächtnis nicht mit zu vielen Vornamen belasten mussten, fielen unter verachtenswerte Fossilien.

»Been there, done that, got the T-shirt«, würde meine Freundin M sagen.

Wir wollten den weichgespülten Mann, der die Klobrille beim Pinkeln immer nach unten geklappt lässt, ein in Aussicht gestelltes Telefongespräch auch einlöst, uns im Kino mit tränenerstickten Trostworten ein Taschentuch reicht, immer wieder besprechen möchte, wie man seine Ängste therapieren könnte, Cat Power und Soulbarden aus den Siebzigern hört und dem die Sorgen um den Weltfrieden und den Regenwald schlaflose Nächte bereiten. Wir wollten keine Männer mehr, die sich wie Einbrecher aus unserem Leben stahlen, wenn ihnen Näheparanoia den Hals hinaufkroch, und die dann auf dem Kühlschrank maximal eine gelbe Post-it-Botschaft hinterließen, wie das der Schriftsteller Jack Berger tat, als ihm Carrie Bradshaw einfach zu viel Zweisamkeits-Entschlossenheit abverlangt hatte: »I'm sorry. I can't. Please don't hate me.«

Und dann war da dieser Moment in einer Folge des österreichischen »Tatort«. Moritz Eisner, der Fernseh-Bulle, der ohnehin längst alles andere als ein dynamisches Aushängeschild der Testosteron-Fraktion ist, lässt seinen Tränen in einer Spitalsambulanz freien Lauf. Dann sagt der Kommissar, dem Harald Krassnitzer sein Gesicht leiht, mit sehr kleiner Stimme: »Ich bin zu alt, zu dick und zu blöd.« Er sieht dabei wie ein tapsiger Bär aus, der seine Mama im Wald verloren hat. Seine ansonsten so toughe Assistentin Bibi (Adele Neuhauser) umarmt ihn nach dieser Aussage und setzt dabei diesen Alles-wird-gut-nur-wann-ist-noch-die-Frage-Blick auf. Man war eigentlich kurz versucht, bestätigend zu nicken und sich dann mit Schaudern abzuwenden. Dann erinnerte man sich wieder daran, dass man Männer, die ihre Ängste, Schmerzen und Sorgen auch artikulieren konnten, auf dem Wunschzettel stehen gehabt hatte. Man wollte solche mit einem »ehrlichen Ich«, wie eine Freundin das einmal genannt hatte. Nur, musste dieses ehrliche Ich dermaßen aufgelöst und in unförmigen Strickjacken antanzen?

»Weiber«, sagte mein Freund G, als ich mit ihm die Ursachen für die flächenbrandartige Ausbreitung dieses Männertypus, den wir einmal einfach mit dem Arbeits-Kürzel Jammerpepi beschreiben wollen, zu erforschen suchte. »Erst beschwert's ihr euch über die Testosteron-Striezeln. Jetzt ist die nächste Generation dementsprechend weichgespült und das passt euch wieder nicht. Kann man es euch eigentlich irgendwann auch recht machen?«

»Hast du Freud gelesen? Wenn ja, weißt du, das kann gar nicht gehen«, merkte Z trocken an, die sich gerade Hals über Kopf in so einen Weepie verschaut hatte. Er hatte einfach zu schöne Augen und hörte auch zu schöne Musik.

Sie war dann allerdings doch mit der Weinerlichkeit ihres neuen Lebensabschnittspartners etwas überfordert: »Alles wird zur Tragödie bei diesem Mann. Ständig tut ihm was weh und er malt sich dabei die schlimmsten Krankheiten aus, die er dann im Internet über Stunden erforscht.«

G nickte abgeklärt:»Ja, das ist das bekannte Phänomen der Cyberondrie – übersetzt digitales Hypochondern.«

»Und damit nicht genug«, fuhr Z fort,»er nimmt parallel dazu ein Dauer-Vollbad im Weltschmerz. Er liest Kierkegaard, Proust, hört Rufus Wainwright, leidet an Schlaflosigkeit, will dauernd Spaziergänge machen, am liebsten im Nebel, und beschwert sich über die Lieblosigkeit seiner Mutter, die ihm die Kindheit zur Hölle gemacht hat, den ÖAMTC, seine Chefin und die chemischen Stoffe, die in den Plastikflaschen herumkrebsen und eine subversive Attacke auf seine Libido sind. Natürlich nicht zu vergessen ist auch der Aluminiumgehalt in den Deodorants, die unser System sukzessive vergiften. Eigentlich beschwert er sich über fast alles, außer über seine eigene Neigung, sich über alles zu beschweren.«

»Aber dieser neue Typus Mann ist auf der Suche nach einer Mutter«, fügte G süffisant hinzu, der eher zur Testosteron-aber-richtig-Männlichkeit zu zählen war,»und das ist für euch 40plus-Bienen *die* Chance, an die Mitdreißiger zu kommen, die von ihren Altersgenossinnen einfach zu schlecht betreut werden.«

Z schüttelte sich:»Ich will einfach nur Liebe, große, erderschütternde, alles überschwemmende Liebe. Und zwar frei von allen inzestuösen Hintergedanken. Muss denn das wirklich so kompliziert sein?«

»Yes, mother«, sagte G und klopfte ihr auf den Hintern. Möglicherweise war das der Beginn einer wundervollen Nichtbeziehung.

Weepie-Lamento

Den Begriff Weepie haben wir der deutschen Journalistin Nina Pauer zu verdanken, die 2012 eine Klagemauer in der Wochenzeitung »Die Zeit« aufstellte. Es begann eigentlich alles ganz harmlos. Die Autorin, geboren 1982, ansonsten auf Weltschmerzanalysen der Generation Praktikum abonniert (»Wir haben keine Angst«), beschwerte sich über »die Schmerzensmänner«, die verlernt hätten, »fordernd zu flirten«, und stattdessen einen auf »einfühlsamen Freund« machten. Versteckt hinter einer Hornbrille, schützend umhüllt von einem überlebensgroßen Flanellhemd, lehnen diese laktoseintoleranten Varianten des Waschlappens oder Weicheis in Umklammerung einer Ingwer-Bionade an dunklen Großstadttresen, hören Mädchenmusik und wollen »reden, immer wieder, besprechen, wie man seine Unsicherheit therapieren könnte«. Und damit noch immer nicht genug: Der »Weepie« (die Band »The Weepies« ist nämlich laut Pauer die Lieblings-Kombo dieser Leidfigur) »denkt und fühlt und leidet und zieht sich innerlich in eine Hütte im Wald zurück, um seine Trauer zu artikulieren.«

Klar doch, man muss für die Generation Nina Pauer Nachsicht aufbringen. Die Frauen, die noch im Hinterzimmer einer »Engelmacherin« oftmals eine lebensbedrohliche Schwangerschaftsunterbrechung durchführen lassen mussten und Ehemänner hatten, die die juristische Bezeichnung »Haushaltsvorstand« trugen und ihre Einwilligung geben mussten, wenn es die Gattin in die Erwerbstätigkeit drängte, kennt die Nina-Pauer-Generation allenfalls aus dem History-Channel und aus Gender-Workshops auf der soziologischen Fakultät. Alice Schwarzer und die Debatten über klitoralen und vaginalen Orgasmus sind für die Nina Pauers des frechen weiblichen

Feuilletons so retro-skurril wie John-Boy Waltons Latzhose. Wir, die macho-müde Generation davor, hätten uns über den Weepie nie dermaßen lustig gemacht.

Wirklich erstaunlich ist jedoch, dass das Lamento über den Weepie einen veritablen ideologischen Flächenbrand nach sich zog. Und zwar nicht nur in bonbonfarbenen Girlie-plus-Zeitungen, sondern auch in etablierten Denkstellen wie dem »Spiegel« und der »FAZ« entspann sich ein Diskurs, der inzwischen so démodé erscheint wie Che-Guevara-Poster oder lila Zeltkleider. Die Debatte war im Grunde auf die so einfache wie anachronistisch anmutende Fragestellung zu reduzieren: »Wie viel Macho braucht der Softie denn jetzt, um vom Postfeminismus auch nur irgendwie ernst genommen zu werden?«

Kampf dem Verdammungsfeminismus

In die situative Hitze platzte zu einem Zeitpunkt, der von keiner PR-Agentur besser ersonnen hätte werden können, der deutsche Schriftsteller Ralf Bönt mit seinem »notwendigen Manifest für den Mann«, das den dramatischen Titel »Das entehrte Geschlecht« trägt. Der verheiratete Bönt hat ein sanftes Gesicht und zwei süße Söhne, mit denen er gern jenseits des Vaterschafts-Pflichtprogramms viel Zeit verbringt, um eine richtige Liebesbeziehung entwickeln zu können. Bravo! Denn nichts anderes haben wir uns eigentlich von den Vätern unserer Kinder gewünscht, Herr Bönt.

Als zornig flammende Galionsfigur eines neuen Antifeminismus wirkt der Physiker und Autor mit den sanften Augen rein optisch völlig ungeeignet. Dennoch finden sich in seinem Pamphlet auch jene gefährlichen Verallgemeinerungen, die man – völlig zu Recht – dem Hardcore-Feminismus über Jahrzehnte zum Vorwurf gemacht hat. Das »betonierte Opfer-Täter-Schema«, das Bönt als so schädliches Nebenprodukt eines »aggressiven Feminismus« klassifiziert, bedient er in seiner Kampfschrift eigentlich genauso, indem er den Spieß einfach umdreht.

»Der Mann wird immer öfter behandelt, als sei er wunderlich, blind, aufgebläht und entstellt«, steht da in etwas überdrehtem Pathos zu lesen, »die Rolle des Mindermenschen wird ihm zugewiesen, und das Merkwürdige ist: Er nimmt das in der Regel gleichmütig hin.« Frauen hielten ihre Männer von den gemeinsamen Kindern fern und teilten ihnen allenfalls die Rolle von Störenfrieden zu. An anderer Stelle stellt Bönt eine Drei-Punkte-Forderung auf: »Wir brauchen ein Recht auf karrierefreies Leben, das Recht auf Krankheit jenseits der Vorwürfe von Hypochondrie und Gefühllosigkeit und das Recht auf geehrte Sexualität jenseits von Ablehnung, Diffamierung, Kapitalisierung und Kriminalisierung.«

Geht klar, Herr Bönt, sollte nämlich, geschlechtsunspezifisch, für alle Menschen gelten. In unserem Telefonat gestand Bönt ein, dass mit harmlosen, nicht zugespitzten Thesen natürlich keine »Diskurswippe« in Gang zu bringen sei und weder der Macho noch der Softie erstrebenswerte Männlichkeitskonzepte präsentierten: »Beide sind Muttersöhne, und beide haben Probleme mit ihrer Männlichkeit.«

In einem der Themenpunkte waren Herr Bönt und ich uns dann doch einig. Die Wirtschaftskrise und der damit verbundene Leistungsdruck würden alte Traditionen neu beleben. »Es gibt eine Bewegung«, so Bönt, »die die Frau wieder zu Hause bei den Kindern sieht und den Mann beruflich unter Vollgas. Nach 200 Jahren Feminismus ist das doch wirklich paradox.«

»Zu einem Unfall gehören immer zwei«, schrieb F. Scott Fitzgerald in seinem Roman »Der große Gatsby« – in dem Fall zwei Geschlechter.

Einen Mitstreiter in diesem deutschsprachigen Derivat der Angry-White-Men-Bewegung, wie sich die vom Feminismus entnervte Männerschaft in den USA nennt, hat Bönt in dem deutschen Männerforscher Gerhard Amendt gefunden. Der Soziologe forderte vor einigen Jahren in der Schweizer »Weltwoche« lautstark und mit entsprechendem Medienecho die Schließung der Frauenhäuser – zugunsten von »Familienzentren«: »Denn Frauen und Männer schlagen gleichermaßen zu – sei es milde oder hart. Alles andere ist realitätsblinder Unsinn.«

Dass das Selbstbild des Mannes so dellenreich und ramponiert in der gesellschaftlichen Landschaft stehe, sei vor allem dem »Verdammungsfeminismus« zu verdanken, wie Amendt die sich nicht mit Höflichkeiten aufhaltende Frauenbewegung beschreibt. Für das Fehlen einer produktiven Männerbewegung stellt er seinem Geschlecht ein Entschuldigungsschreiben aus: »Die Männer haben es leider in den letzten 20 Jahren verabsäumt, sich gegen das abschätzige Männerbild, das der feministische Diskurs über sie in die Welt gesetzt hat, zur Wehr zu setzen. Wohlgemerkt, der Feminismus und nicht die Frauenbewegung, die viel Gutes schuf und der die Frauen die Aufforderung zur Selbstermächtigung verdanken.«

Während Frauen sich – Feminismus hin oder her – noch immer zwischen den großen Antipoden Hure und Heilige ein Plätzchen zu suchen haben, ist die Sache mit der Identitätssuche und dem Selbstverständnis in der Männerfraktion auch alles andere als ein Honiglecken.

Der Mann hat es – auch das verständlich genug – satt, ständig funktionieren zu müssen, und mit der jahrzehntelangen

Klischeepolarisierung zwischen Softie und Macho will er sich auch nicht mehr arrangieren. Irgendwo zwischen dem Image vom Mann als Sklave seines eigenen Testosteron-Haushalts, der in seinem Karrierestreben in einem Korsett aus Leistung, Macht und Härte gefangen ist, und der jogginghosentragenden Frauenversteher-Karikatur, die sich in den Claire-Bretécher- und »Emma«-Cartoons tummelte, liegt die Wirklichkeit.

Machos reloaded

Die Populärkultur hat sich immer als verlässlicher Seismograf für gesellschaftliche Befindlichkeiten erwiesen. Die immer häufiger im Fernsehen und Kino vorgeführten Männer der 40plus-Generation sind rat- und orientierungslos oder drehen einfach nur durch, wie Walter White, der Anti-Held der mehrfach ausgezeichneten Hit-Serie »Breaking Bad«, was so viel bedeutet wie »von der Spur abkommen«.

Bei White hat seine Lungenkrebs-Diagnose eine Wandlung vom biederen Allesversteher-Chemielehrer zum gewalttätigen und ruchlosen Drogen-Tycoon Heisenberg zur Folge. Er zertrümmert, in der Verzweiflung, seine Behandlung nicht bezahlen und seine Familie nicht versorgen zu können, das gesamte Wertesystem eines mittelständischen Biedermanns und bekommt durch diese Tour de force endlich wieder, zumindest temporär, das Gefühl, das Steuer in der Hand und alles unter Kontrolle zu haben.

Das ausgleichende Breaking-Bad-Gefühl kann sich der junge Mittelschichts-Mann, der die Nase voll davon hat, dauernd zu seinen Gefühlen stehen zu müssen, auch ganz einfach mit einer Spielkonsole besorgen. 2013 wurde das Computerspiel »Grand Theft Auto V« herausgebracht, allein in Deutschland wurde es in der ersten Woche nach seinem Erscheinen über eine Million Mal verkauft. Die Protagonisten des Spiels verticken Drogen, erpressen Schutzgelder, planen Entführungen und schießen jene, die sich ihnen als Spaßbremsen beim Ausleben dieses Macho-Kitsches in den Weg stellen, knallhart über den Haufen.»Grand Theft Auto« ist ein Testosteron-Erlebnispark der auf der Verbotsliste jedes Entwicklungspsychologen und gendersensiblen Pädagogen stehen könnte. Inzwischen avancierte dieses amoralische Schlachtgebummel zum erfolgreichsten Computerspiel der Geschichte. Der Bedarf, sein Testosteron ungestraft zum Einsatz bringen zu können, scheint hoch zu sein.

Irgendwie auch nachvollziehbar. Denn die Definition von guter und schlechter Männlichkeit war noch nie so facettenreich und kompliziert wie heute: in der freien Wildbahn, im Job, in der Beziehung, im Bett und als »pater familias«.

Das Wiener Vater-Sohn-Duo Edi und Patrick Keck hat über diese Rollen- und Selbstverständnis-Schwindelgefühle das höchst amüsante Buch »Eier. Alles, was ein Mann braucht« geschrieben, in dem auch der Ruf nach einem neuen Männlichkeitsmodell laut wird: »Dieses Gegenmodell ist kein Mann, der seine feminine Seite entdeckt, sondern einer, der seine maskulinen Stärken kultiviert – ohne ein stumpfer Prolet im Jogginganzug zu sein.« Eine komplizierte Gratwanderung. Die Schwierigkeit der Übung, sich neu zu positionieren, erweckt selbst in der feministischen Ecke Empathie: »Wir müssen Mitgefühl mit den Männern und Jungs zeigen!«, forderte Alice Schwarzer, nach Strategien zur Bewältigung der Krise des Mannes befragt.

Sexsucht und Narzissmus

Sexsucht ist, zumindest in der TV-Serie »Californication«, eine solche Bewältigungsstrategie und wurde im letzten Jahrzehnt zu einer Art Modepathologie ausgerufen.

Bekennende Sexsüchtige waren und sind nahezu nur Männer – Arthur Schnitzler, John F. Kennedy, Michael Douglas, Tiger Woods, die tragi-komischste Variante stellte Silvio Berlusconi, der selbst die Notärztin im Erdbebengebiet geschmackvollerweise neckisch um eine Mund-zu-Mund-Beatmung bat, und auch David Duchovny, der über seine Sexsucht ausufernd in den Medien Bekenner-Interviews gab. Sexsucht ist eine Zwangsstörung, die nach dem Prinzip der Manie funktioniert und ein ähnliches Verhalten wie die Sucht nach psychotropen Substanzen wie Kokain und Heroin zur Folge hat: Kontrollverlust, ständige Erhöhung der Dosierung, in weiterer Folge Verlust der sozialen Bindungen. Männer und Frauen (die weibliche Ausprägung wurde im 19. Jahrhundert mit dem Begriff Nymphomanie etikettiert) sind gleichermaßen gefährdet, doch durch die soziokulturelle Prägung, die promiskuitive Willkür für den Mann gesellschaftlich salonfähig macht, tritt das Phänomen weitaus häufiger bei Männern auf. Eine Studie der Berliner Charité-Klinik schätzt die Zahl der Betroffenen in Deutschland inzwischen auf 50.000. Als häufigste Ursachen für ein wahlloses Sexualverhalten und die damit einhergehende Bindungsunfähigkeit gelten Missbrauchserlebnisse in der Kindheit und narzisstische Persönlichkeitsstörungen. Und Narzissmus am Rande der Pathologie ist der It-Knacks der Dekade und wächst bei beiden Geschlechtern in den Himmel.

Durch die Pornografisierung im Internet und die virtuellen Jagdplätze wie Facebook wird, so die Prognosen, Sexsucht

massiv ansteigen oder eben auch den in die Richtung Gefähr-
deten ihre Suchtausübung um einiges erleichtern.

Facebook gilt, laut einer Erhebung der Vereinigung ameri-
kanischer Scheidungsanwälte, als Ursache jeder fünften US-
Scheidung.

Der Hauptdarsteller der Serie »Californication«, der Schriftsteller Hank Moody, weiß zwar, dass er nicht alle Frauen auf
diesem Planeten flachlegen kann, aber er möchte es zumindest versuchen. Auch in anderen Belangen personifiziert Herr
Moody eine einzige Bankrotterklärung seines Geschlechts. Als
Hollywood-Drehbuchautor versagt er, weil er – bedingt durch
einen Dauer-Hangover – an einer Schreibblockade leidet. Seine bezaubernde Ehefrau hat sich längst einem austherapierten
Buchhaltertypen an den Hals geworfen, der im Einklang mit
seinen Gefühlen steht und eben weiß, wie man Monogamie
buchstabiert.

Wenn Moody morgens die Knautschzone, die sein Gesicht
ist, im Spiegel betrachtet, möchte er am liebsten kotzen. Oder
vielleicht auch den deutschen Dramatiker Heiner Müller zitie-
ren, der angesichts seines Spiegelbilds im fortgeschrittenen
Lebensstadium zu konstatieren pflegte: »Kenne ich nicht, wa-
sche ich nicht.«

Wenn einer seiner zahlreichen One-Night-Stands auf der
Matte steht und mit dem Eröffnungssatz »Wir müssen reden«
ein Grundsatzgespräch einfordern will, nuschelt Moody so
was wie: »Du hättest mich anrufen sollen. Ich hätte zwar nicht
abgehoben, aber du hättest eine Message auf meiner Mailbox
hinterlassen können. Eine Message, die ich übrigens gleich ge-
löscht hätte.«

Ganz im Sinne seines ideologischen Vorfahren Clint East-
wood, der Beziehungsdebatten gerne mit dem stoischen Satz
»Wenn du eine Garantie willst, dann musst du dir einfach

einen Toaster kaufen« vom Tisch wischte. Nur in zwei Dingen ist Moody verlässlich: in seinem Alkoholkonsum und in seinem Verantwortungsgefühl als Vater. Selbst im implodierten Zustand vergisst er nicht, dass er eine Tochter hat. Seine bedingungslose Liebe zu seinem pubertierenden Kind und sein hübsches Lotterbett-Gesicht sind auch schon die einzigen Sympathieträger, die dem Mann von seinen Drehbuchautoren vergönnt wurden.

Von der Liane geplumpst?

»Sind Männer wirklich so schlecht?« Diese Frage stellte sich schon 1994 das US-Nachrichtenmagazin »Time« und visualisierte das Thema in Form eines Anzugträgers mit Schweineschädel. Äußerer Anlass für den Krisenausruf war die Affäre Bobbitt. Wir erinnern uns: Lorena Bobbitt hatte ihrem promiskuitiven Mann John Wayne im Schlaf den Penis mit dem Küchenmesser abgeschnitten und die Trophäe ihres Zorns später aus dem fahrenden Auto geworfen. Das Hochglanzmagazin »Vanity Fair« titelte damals die entsprechende Reportage mit der launigen Headline »A Night To Dismember«. Für den amerikanischen Hardcore-Feminismus mutierte Lorena Bobbitt, das einfache White-Trash-Mädchen, zu einer Art schützenswerten Heiligen. Schließlich hatte sie einen Akt exekutiert, von dem eine Menge Frauen bisher nur zu träumen gewagt hatten. Eine Art von Entlein-zum-Schwan-Metamorphose hatte sich ereignet: Das Opfer war zur Täterin geworden.

Wenig später begann sich der Mann zaghaft, aber doch, gegen das Image des lianenschwingenden und aggressiven Workaholics, der einbetoniert in seinem gesellschaftlich auferlegten Leistungsdruck den Sinn für die wahren Werte verloren hat, zur Wehr zu setzen. Mit der Polarisierung Macho oder Softie wollte er sich nicht mehr abspeisen lassen. Als um Jahre verspätete Reaktion auf den Feminismus entstand Ende der Achtzigerjahre eine Art Männerbewegung, die weniger vom kollektiven Kampfgeist als von individueller Selbstreflexion getragen war.

Parallel dazu formierte sich in den späten Achtzigerjahren eine Krisenindustrie, in der sich Therapeuten, Psychologen und Soziologen den vom Wirbelwind des Feminismus zerzausten Mann zur Brust nahmen und ihm Trost und Ratlosigkeit zusprachen. Dieser Männer-Versteher-Schongang hatte dann auch gleich wieder Gegenwind zur Folge. Die Starkmacherbewegung wurde vom amerikanischen Lyriker Robert Bly ins Leben gerufen. In seinem Thesenbuch »Eisenhans« forderte der Mann, der die Aura eines schrulligen Botanikprofessors verströmte, 1990 eine Rückkehr zu den Werten des Kriegers, Königs und »wilden Manns«. Der Erfolg des Buches hatte zur Konsequenz, dass sich sowohl gestresste Manager als auch relaunchwütige Softies in sogenannten Wild-Men-Seminaren zusammenrotteten, um bei Tänzen ums Lagerfeuer ihrer verlorengegangenen Virilität wieder auf die Sprünge zu helfen.

Die Rückbesinnung auf einen vom Feminismus gesäuberten Biologismus machte auch wenig später den texanischen Paartherapeuten John Gray zum Multimillionär. Aus seiner dürftigen Theorie »Männer sind vom Mars, Frauen von der Venus« zimmerte er ein ganzes Imperium – Bücher, Seminare, DVDs halten die Marketing-Walze zum großen Unterschied zwischen den Geschlechtern bis heute am Dampfen.

Männer rotteten sich aber parallel dazu in Selbsthilfegruppen zusammen, um Ursachenforschung zu ihren Verwundungen zu betreiben; eine neue Form der Männerforschung versuchte die patriarchale Geschichte kritisch aufzuarbeiten, eine Armada an Lebenshelfer-Literaten witterte im Mann zu Recht einen lukrativen Patienten. Bücher mit Titeln wie »Männer lieben anders«, »Wenn Männer reden könnten« oder »Der verletzliche Mann« überschwemmten den Buchmarkt. »Die Männer«, so skizzierte der Geschlechterforscher Gerhard Amendt damals den Zustand der »Bewegten«, »präsentierten sich als ein großer Trupp beschämter kleiner Buben, so sprachlos in sich selbst zerknirscht, dass sie sich nicht einmal empörten.«

»Ein zielloser Zorn ...«

Dazwischen kam auch Hilfe von Seiten des früheren Aggressors. Die Seelenlandschaft des Mannes wurde auch vom Feminismus zum Krisengebiet erklärt. Die amerikanische Super-Feministin und Pulitzerpreisträgerin Susan Faludi mutierte zur Pionierin dieses Gedankens. Beklagte sie noch in ihrem 1992 erschienenen Bestseller »Backlash« mit dem Untertitel »Der unausgesprochene Krieg gegen Amerikas Frauen«, dass die Männer gegen die Errungenschaften der Emanzipation subtil-subversiv ankämpften, ging es ihr in ihrem darauffolgenden Buch »Männer – das betrogene Geschlecht« (»Stiffed«) vorrangig um Verständnis und eine Art Wiedergutmachung am »angeschmierten« oder »reingelegten« Mann. Das jahrelange Feindbild Mann habe für den Feminismus längst ausgedient, inzwischen seien Männer sich selbst die größten Feinde. Um ihrer These Gesichter zu geben, reiste die New Yorkerin, die »Newsweek« und das »Wall Street Journal« regelmäßig mit ihren Beiträgen versorgte, sechs Jahre durch Amerika und versuchte in Hunderten Tiefen-Interviews die Ursachen und den Grad der Verstörung des US-Mannes festzumachen. Die soziologische Revue ihrer Fallstudien setzte sich aus Pornostars, blutrünstigen Sportfans, traumatisierten Vietnam-Veteranen, Babyboomern, ausgestiegenen Go-go-Boys, Militärkadetten, die in South Carolina einem archaisch-sturen Männlichkeitskult huldigen, oder Vertretern der »Promise Keeper« zusammen. Diese seltsame Sekte betrachtet sich als Opfer der Frauenbewegung oder »Feminazis«, so ihr politisch äußerst unkorrekter Terminus. Rund 14 Millionen Dollar nimmt die Organisation jährlich durch den Vertrieb ihrer Zeitschrift und T-Shirts mit dem Aufdruck »Angry White Male« ein.

Initialzündung für das Buch war für Faludi ein Szenario anlässlich eines opulenten Banketts in der VIP-Ausspeisung »Spago« in Hollywood Mitte der Neunzigerjahre. Viel Champagner-Genippe, Stars und Starlets aller Gewichtsklassen, geschäftig in der eingespielten »How are you? You look great!«-Choreografie. Nur einer stand verloren in einer Ecke. Er galt in den Achtzigerjahren als Testosteron-Held Amerikas, hatte 20 Millionen Dollar pro Film kassiert und seinen Körper in den letzten Jahren folgsam auf drei Prozent Fettgehalt getrimmt. Und trotzdem redete keiner mit ihm: Sylvester Stallone. »Sehen Sie«, raunte er Faludi zu, »die Menschen hier haben mir alle den Rücken gekehrt. Ich bin überrascht, dass ich hier überhaupt noch ein Getränk bekomme ... Ich existiere nicht mehr. Es ist, als ob die Leute durch mich hindurchblickten ... Ich bin ein Heimatloser. Ich habe in den letzten zwei Jahren keinen Cent verdient.«

Der ergreifende Absturz Sylvester Stallones war für Faludi exemplarisch für die akute Krise des Mannes. Als Hauptquelle des Dilemmas sieht sie »einen großen, ziellosen Zorn, der in eine Frustration überschwappt«: »Die Männer sind verwirrt und fühlen sich betrogen. Nach dem Zweiten Weltkrieg bekamen sie ein klares Männlichkeitsideal: Ein Mann kämpft an einer Grenze gegen den Feind, an seiner Seite hat er eine Truppe von loyalen Brüdern. Doch statt der Normandie kriegten sie Vietnam, und das ganze Wertesystem brach zusammen. Gleichzeitig trichtert ihnen unsere Kultur noch immer ein, dass sie ihr Ego über die Größe ihres Portemonnaies zu definieren haben. Dabei haben sie doch längst durch die Bewusstseinsarbeit der Frauenbewegung – zumindest ansatzweise – andere Gefühlskategorien entwickelt. In diesem Missverständnis befinden sie sich jetzt und sehen dabei entsprechend verloren aus.«

Erica Jong, Autorin des feministischen Kultromans »Angst vorm Fliegen«, sah in einem Gespräch, das ich für »profil« mit ihr führte, Faludis Beschäftigungsoffensive mit den männlichen Schwächen als »ein übertriebenes und unangebrachtes Schuldgefühl einer Feministin gegenüber der Männerwelt«: »Dennoch müssen wir wieder lernen, mit den Männern zu reden. Ich kenne so viele junge Männer, die einfach nicht wissen, wie Männlichkeit zu sein hat, wo sie noch salonfähig ist beziehungsweise bekämpfenswert wird. In der Definition ihres Rollenverständnisses dürfen wir sie nicht allein lassen.«

Nach einer Denkpause fügte sie hinzu: »Ich wollte nie mit kurzgeschorenen Haaren und Kampfstiefeln in die Berge ziehen und nur mehr mit Frauen schlafen. Feminismus und die Liebe zu Männern und Sex darf doch kein Widerspruch sein.«

Alice Schwarzer winkte angesichts der So-viel-Mann-war-noch-nie-Welle mit der Warnflagge. Dieser »Beschäftigungswahn mit dem Mann« habe auch seine gefährlichen Seiten: »Ich fürchte, dass sich Frauen dann in diesem gemütlichen, pseudotherapeutischen ›Ach, ich versteh dich doch irgendwie›-Kitsch einrichten. Frauen müssen, und da liegt der größte Aufholbedarf, lernen, nicht um jeden Preis geliebt werden zu wollen.«

Dennoch bedarf der Mann verstärkt der Pflege. Während die Frauen seit den Siebzigerjahren und bedingt durch einen weitaus höheren Leidensdruck Selbstreflexion betreiben und um eine Neupositionierung ihres Rollenbilds ringen, verkroch sich der Mann häufig im Leo. In dieser Position verschlief er auch seine Entwicklungsmöglichkeiten, verlor aber auch das Mitgefühl für sich selbst. Und jetzt macht die Realität mit ihrem immer schärferen Anforderungsprofil und dem Verlangen nach immer größerer Funktionier-Tüchtigkeit das männliche Geschlecht zunehmend krank.

Typen wie Barack Obama, der gerüchteweise trotz Supermacht-Führungsstress bei einem italienischen Juwelier einen 30.000-Euro-Ring für die Gattin Michelle anfertigen ließ und sich auch noch um einen nicht allergieerregenden Weißen-Haus-Welpen für die Töchter kümmert, besitzen nun einmal Raritätswert. Selbst Hollywoods Ein-Mann-Krisenkommando James Bond ist nach Jahren im bindungsresistenten Heldenfach des Genres müde: Daniel Craig hatte in seinem Debüt »Casino Royale« erstmals keine Beziehungsparanoia, sondern richtige romantische Ambitionen mit 007-Girl Eva Green. Auch im darauffolgenden 007-Abenteuer »Ein Quantum Trost« sollte er noch an ihrem Verrat und seiner großen Enttäuschung ordentlich zu knabbern haben.

Als der britische Schauspieler Craig mit dem Edelprol-Habitus 2005 erstmals auf einem Motorboot in London der Presse vorgeführt worden war, hatte er schon Mut zur Schwäche besessen und trug eine Schwimmweste. Undenkbar, dass Sean Connery sich in so einem Kleidungsstück auf den Präsentierteller der Öffentlichkeit hätte stellen lassen.

Was wurde eigentlich aus Gary Cooper?

Die zunehmende physische Anfälligkeit der Männer ist für Experten ein Symptom für die Befindlichkeit ihrer Seele. Zahlen und Erhebungen diagnostizieren ihr einen Zustand, der Anlass zur Sorge geben sollte.

Zwei Drittel der Notfallpatienten und drei Viertel der Selbstmörder sind männlichen Geschlechts, so europaweite Statistiken. Bis zum Rentenalter sterben im Geschlechtervergleich in etwa 14-mal so viele Männer wie Frauen an Aids, viermal so viele an Lungenkrebs, dreimal so viele an Herzerkrankungen und doppelt so viele an Leberzirrhose. Die Anfälligkeit für bösartige Tumore hat bei den Männern in den vergangenen 30 Jahren um 21 Prozent zugenommen, bei den Frauen ist sie gleich geblieben. 15 Prozent der Männer, aber nur 5 Prozent der Frauen, erkranken in Österreich im Lauf ihres Lebens an Alkoholismus; 29 Prozent der Männer und 9 Prozent der Frauen gelten heute als Alkoholabhängige.

Der Österreichische Bundesverband für Psychotherapie schätzt, dass von den rund 30.000 Menschen, die Psychotherapie auf Krankenschein erhalten, ein Drittel männlich sind. Eine stetig steigende Tendenz von Männern, die psychotherapeutische Hilfe in Anspruch nehmen, ist zwar nicht statistisch ausgewertet, aber laut Verband bemerkbar. Paradox scheint angesichts dieser Anfälligkeitsdiagnose, dass österreichische Männer sich selbst um einiges fitter fühlen als die Frauen: 78 Prozent beurteilen den eigenen Gesundheitszustand als sehr gut oder gut, bei den Frauen liegt dieser Anteil bei nur 73 Prozent.

Was mit dem männertypischen Mangel an Krankheitseinsicht zu tun hat. Die fahrlässige Achtlosigkeit seinem Körper gegenüber ist beim Mann weit ausgeprägter. Die kürzesten

Arzt-Patienten-Gespräche stoppten Forscher laut dem deutschen Magazin »Focus«, wenn sich zwei Männer gegenübersaßen. Den Weg zum Arzt zögern Männer doppelt so lange hinaus wie Frauen.

Sollte ihr Hobby nicht Hypochondrie heißen, benötigen Männer durchschnittlich zehn Tage für die Reaktion auf ein medizinisches Problem, während Frauen im Schnitt nach drei bis fünf Tagen reagieren.

Geschätzte 35.000 Österreicher leiden an Potenzproblemen – vor allem an frühzeitigem Samenerguss, gefolgt von erektiler Dysfunktion. Die psychischen Ursachen dafür sind vor allem Depressionen und Stress. Und noch immer ist das »Schamgefühl des Mannes ungleich höher als das der Frau, wenn es um die Thematisierung sexueller Defizite geht«, so der Wiener Urologe Walter Stackl.

Im Zeitalter einer durch Internet-Pornografisierung nahezu unbeschränkt permissiven Gesellschaft verdichtet sich auch die sexuelle Unlust innerhalb von Paarbeziehungen zu einem Phänomen mit epidemischen Ausmaßen. Im US-Psychojargon wurde für in Sexlosigkeit lebende Beziehungspartner bereits das Kürzel DINS (Dual Income, No Sex) geprägt.

Der Druck der Finanzkrise, die wachsenden Existenzängste, der Stress durch Familienzuwachs, ein zunehmend online-orientiertes Freizeitleben und der rasant steigende Konsum von Antidepressiva, die sich bekannterweise negativ auf den Lustpegel auswirken, bewirken, dass außer dem Fernseher und dem Computer in Langzeitbeziehungen oft nur wenig bis gar nichts läuft. US-Experten schätzten bereits 2003, dass in den USA nahezu ein Fünftel aller Paare in der sexfreien Zone lebten.

Novum ist in den neuesten Untersuchungen, dass junge Männer zunehmend über einen wachsenden Libidoverlust klagen. Eine Entwicklung, die die Wiener Ärztin und Sexualtherapeutin Elia Bragagna auch aus ihrem Berufsalltag kennt: »In meiner Praxis stehen plötzlich immer mehr junge, hübsche Männer, die über Potenz- und Luststörungen klagen.« Als Ursache für dieses Phänomen ortet Bragagna »das Leben in einer Kick-Gesellschaft«: »Um den gängigen Leistungsvorstellungen zu entsprechen, gehen diese Männer mit Frauen ins Bett – obwohl ihre Körper das eigentlich gar nicht wollen. Denn Nähe und Vertrauen sind noch immer die wichtigsten Voraussetzungen für eine funktionierende Sexualität.«

Gabriele Fischer, Psychiaterin am Wiener AKH, sieht die Ängste- und Depressionsanfälligkeit bei beiden Geschlechtern als »relativ ähnlich«: »Der wesentliche Unterschied ist der Umgang damit. Frauen holen sich Hilfe, sie haben ein besseres soziales Netzwerk, das sie auffängt.« Männer verfügten eher über »berufsbedingte oder sportlich orientierte Seilschaften«. Aber sie sind bereits – wenngleich zaghaft – »lernfähiger beim Aufbauen emotionaler Auffangnetze« und empfinden es zunehmend auch nicht mehr als »Schwäche, psychosoziale Hilfe in Anspruch zu nehmen«.

Repräsentative Burn-out-Untersuchungen existieren für Österreich nicht; da es angesichts der jungen Forschungshistorie an der Diagnosepräzision für das Syndrom des »Ausbrennens« im hiesigen Gesundheitssystem noch immer mangelt. Der Leiter der AKH-Psychiatrie Siegfried Kaspar schätzt jedoch, dass jeder fünfte Österreicher von der Krankheit, die im medizinischen Sinn am treffsichersten mit Erschöpfungsdepression beschrieben wird, betroffen ist.

Lisa Tomaschek-Habrina ist Leiterin des Wiener Instituts für Stressmanagement und Burn-out. Das Geschlechterverhältnis ihrer Klienten hält sich die Waage, aber Männer glauben viel länger, »allein gegen ihre Zustände ankämpfen zu müssen«. Prototypisch für Männer sei, dass sie in der Regel das Institut erst in einem weit fortgeschrittenen Stadium aufsuchen: »Nach einem Erstgespräch verschwinden sie dann oft wieder, weil sie meinen, sich doch alleine durchbeißen zu müssen. Sie kehren oft erst zurück, wenn der komplette Zusammenbruch bereits stattgefunden hat.«

Um die Jahrtausendwende hatte der Mittelklasse-Mobster Tony Soprano (James Gandolfini) all diesen Statistiken und Thesen in der Mafia-Serie »Sopranos« schon ein eindrucksvolles Gesicht gegeben. Soprano ist müde von seiner Existenz in der »Entsorgungsbranche« und schlaff um die Lenden. Das beklemmende Gefühl, dass »das Beste schon vorbei ist«, ist zu seinem ständigen Begleiter geworden. Nur angesichts der Wildenten, die sich in seinem Pool angesiedelt haben, regt sich in ihm so etwas wie kindliche Lebensfreude. Als auch die Wildenten-Mischpoche – letztes Symbol für ein funktionierendes Miteinander – abzieht, verliert Soprano vollends das Gleichgewicht: Panikattacken, Ohnmachtsanfälle, Schweißausbrüche, Sinnleere, Versagensängste sind die Folge.

Hinter dem Rücken seiner Kumpels und seiner frustrierten Ehefrau, die sich an einem platonischen Verhältnis mit dem Pfarrer aufrichtet, schleicht er zu einer Analytikerin. »Was wurde eigentlich aus Gary Cooper und dem stillen, amerikanischen Mann?«, fragt er Dr. Mefli (Lorraine Branco). »Der hatte doch schließlich auch keinen Kontakt zu Gefühlen, sondern tat einfach, was zu tun war.« – »Viele Männer in Amerika fühlen so wie Sie«, bestätigt sie ihn mit mildem Ton in seinem Elend.

Aufgerieben im Kräftemessen zwischen Familien-Boss und emotional forderndem Geldverdienen, wird Tony Soprano in ein existenzielles Vakuum gedrängt, aus dem ihn nur die Glückspille Prozac und eine wöchentliche Seelenbeichte zumindest kurzzeitig hieven können. »Wir haben alle keine Werte mehr«, stöhnt er, »mein Vater, der hatte noch seine Crew und seine Grundsätze.«

James Gandolfini, der jahrelang keinen Fuß in Hollywoods Tür gekriegt hatte, sollte es in seiner Rolle als Mafia-Boss in Trevira-Hemden und mit Potenzproblemen zu Weltruhm bringen. Was für eine Tragik, dass James Gandolfini mit nur 51 Jahren im Sommer 2013 in seinem Hotelzimmer in Rom einem Herzinfarkt erlag.

Mit dem »FAZ«-Herausgeber Frank Schirrmacher führte ich 2006 in Frankfurt ein Gespräch anlässlich des Erscheinens seiner Buch-Polemik »Minimum«, in dem wir auch den Zustand des Mannes thematisierten. Schirrmacher zeichnete damals ein beklemmendes Bild: »Das Prinzip Steppenwolf, der einsame Held, gilt noch immer als cool, aber eben nur bis zu einem gewissen Alter. Doch wenn sich der 45-jährige Steppenwolf schließlich doch entschließen sollte, Familie zu haben, wird niemand da sein, der sie mit ihm gründen will. Wie zahlreiche Beispiele quer durch die Geschichte belegen, sind die alleinstehenden Männer immer die tragischen Verlierer. Denken wir an die große Hitzewelle in Chicago 1995: Die meisten Todesopfer waren Singlemänner um die 65.«

Frank Schirrmacher starb im Alter von nur 54 Jahren im Sommer 2014 an den Folgen eines Herzinfarkts. Er war zum zweiten Mal verheiratet und hatte zwei Kinder.

Da Männer über ein viel höheres Selbstverleugnungspotenzial als Frauen verfügen, ist die Schlussfolgerung zulässig, dass die Dunkelziffer an psychisch erkrankten Männern weit höher liegt als angenommen.

Als zeitliche Gefahrenzone für das männliche Burn-out-Syndrom sieht Tomaschek-Habrina die Lebensmitte: »Nach dem Überschreiten der Vierzig fallen viele in ein Loch. Bis dahin haben sie zielorientiert ihre Karrierepläne gelebt und unter Verzicht auf Privatleben eine Position erreicht, ein Haus gebaut. Dann kommt die innere Leere, denn irgendwann kann das Erreichte diese Männer nicht mehr ausfüllen.«

In der US-Psychologie wurde für das männliche Sinnkrisensymptom die Definition »männliche Depression« geprägt. Als Namensspender gilt der Psychotherapeut Terence Real, der in der Zeitschrift »Psychologie Heute« erklärt: »Die konsequente Abspaltung von ihren Gefühlsimpulsen bewirkt bei äußerlich erfolgreichen Männern zunehmend eine große Leere – ihr Dasein erscheint ihnen als freud- und sinnlos. Durch die fortlaufende Gefühlsabwehr verlieren sie auch jeglichen Zugang zu ihrem Innenleben. In Folge brechen ihnen die Partnerschaften weg.«

Die direkte Reaktion auf diese Sinnkrisen, so beobachtet die Psychiaterin Gabriele Fischer in ihrem Berufsalltag, »wären Aggression, Sport oder übertriebener Arbeitseinsatz«.

Männliche Egos im Sinkflug

Der Job und das berufliche Selbstwertgefühl sind für Männer noch immer die zentralen Säulen ihrer Identitätsstiftung. Der Verlust der Arbeit wirkt sich auf das Seelenleben des Mannes weitaus drastischer aus als auf die Frauen. Männer sind im Zustand der Arbeitslosigkeit erheblich risikogefährdeter für Depressionen, Angststörungen oder Panikattacken. Denn Männer ohne den Lebensinhalt Job empfinden diesen Zustand »wie eine Kastration«, so das Autorenduo Michael Eichhammer und Peter Thiel in »Der verletzte Mann«, »ihr Selbstbewusstsein wird durch das Wissen, ihre Familie nicht mehr länger versorgen zu können, nachhaltig zertrümmert«.

Mit Sicherheit kann man davon ausgehen, dass die wachsende Arbeitslosigkeit für Männer mit weitaus größeren psychischen Konsequenzen verbunden sein wird.

Neurologen führen das Entstehen der Finanzkrise auf die überhöhte Testosteron-Produktion der Broker zurück. Das wichtigste männliche Geschlechtshormon sorge für Kampfbereitschaft und Risikolust, das freigesetzte Cortisol wiederum helfe, den Stress unter Kontrolle zu kriegen, der sich mit der Angst, auf die Schnauze zu fallen, in das System schleicht. Als der Sinkflug begann, geriet diese hormonelle Balance zwischen Gier und Furcht völlig aus dem Ruder. Ein biochemischer Fluch, denn die Schreckensstarre der Broker versetzte den Markt in Lähmung. Allerdings gaben Testosteron-Wallungen angeblich auch den Ausschlag für den fatalen Crash, der die Finanzmärkte im September 2008 in einen Sinkflug katapultierte.

John M. Coates, Neurologe in Cambridge, publizierte im Jahr nach dem Crash eine Studie über die hormonellen Einflüsse beim Marktverhalten von Londoner Brokern. »Eine Kette von Erfolgen«, so Coates, »pusht das Testosteron auf immer höheres Niveau. Dieser Effekt zieht nach sich, dass das Urteilsvermögen schwindet und man glaubt, ewig auf der Siegerstraße zu bleiben.«

Körpereigenes Kokain sozusagen. Ein Lösungsvorschlag, um das System wieder ins Gleichgewicht zu bringen, wäre laut Coates, »mehr Frauen in das Spiel einzubringen, denn sie besitzen eine bessere Einschätzungsfähigkeit für Gefahren.«

Manolo-Blahnik-traumatisiert

Wachsende Melancholie ist aber nicht nur ein Monopol der von der Krise zerzausten Midlife-Karrieristen. Der deutsche Psychoanalytiker Horst Eberhard Richter konstatiert in seinem letzten Buch »Die Krise der Männlichkeit« vor allem bei jungen Männern »ein Ansteigen von Depressionen«: »Sie haben ja keine männlichen Vorbilder mehr, sondern müssen sich mit den Muskelmännern aus den Medien zufriedengeben.« Diese These ist aber inzwischen antiquiert, denn die neue Garde der Hollywood-Stars wie Bradley Cooper oder Ryan Gosling haben wenig von der Testosteron-Tumbheit der abdankenden Helden wie Arnold Schwarzenegger, Sly Stallone oder Bruce Willis.

Während Horst Eberhard Richter die NS-Historie und die damit verbundene Vaterlosigkeit als Wegbereiter für die Krise des Mannes klassifiziert, schiebt die US-Starkolumnistin Kathleen Parker in ihrer Artenschutz-Polemik »Save the Males!« den schwarzen Peter dem Feminismus zu. Im Zerfall der Familie und in der wachsenden Horde der Alleinerzieherinnen ortet sie, ähnlich wie Frank Schirrmacher zuvor in seiner düsteren Polemik »Minimum«, den Sprengsatz, der die Gesellschaft in Zukunft explodieren lassen wird.

Übel mitspielen würde den so erbarmungswürdigen Männern, so Parker, auch die »Überfeminisierung, in die sie von den Frauen gezwungen werden«: »Diese armen Kerle werden abends in die Vagina-Monologe mitgeschleppt, müssen zu Manolo Blahnik statt auf das Fußballfeld und vor der Geburt mit in den Stillkurs.« Ihre Polemik schließt sie mit den Worten: »Hört auf, eure Männer in eine Welt zu zwingen, die nicht die ihre ist.«

Doch die Welt ist und bleibt ungerecht. Trotz der Manolo- und Vagina-Monologe-Konzessionen, zu denen der Mann vergattert wird, geht die hohe Scheidungsrate vor allem auf das Konto der Frauen, die »zu 80 Prozent die Trennungsbetreibenden« seien, so die Wiener Scheidungsanwältin Helene Klaar. Vielleicht wollen die Frauen ja gar nicht so wirklich die Männer, die alles mitmachen.

Die Zäsur kommt für Männer oft überraschend, denn in der Abwehr von emotionalen Warnsignalen haben sie es über die Jahrhunderte zur Weltmeisterschaft gebracht.

Und jetzt? »Befreiung vom Männlichkeitswahn«, »die männliche Anerkennung der unterdrückten weiblichen Eigenschaften«, »Verweigerung der Feminisierung«, »Mut zur Schwäche« steht in der Flut von Analysen und Ratgebern zu lesen. Die Lösungsvorschläge klingen so drollig naiv wie die Titel der Bücher – »Was vom Mann übrig blieb« und »Wenn Männer zu sehr lieben« etc.

»Sehen wir es so«, erklärt die einstige Hardcore-Feministin Erica Jong, als ich sie nach einem Wegweiser im aktuellen Gender-Diskurs befrage, »der Mann ist heute verletzt und frustriert. Wie wir Frauen auch. Man kann ihm nur folgenden wohlwollenden Rat geben: Wer jetzt noch an den alten Männlichkeitsidealen festhält, wird sich zu Recht impotent fühlen.«

Breaking Bad und die Opfer-Industrie

»I wipe my ass with your feelings!«
TONY SOPRANO, *TV-Mafioso*

»Nennt mich altmodisch, aber ich möchte
keinen Sex mit Frauen, die bewusstlos sind.«
DR. HOUSE, *TV-Arzt*

»Kannst du mein Monster halten?«
Aus dem Song »Monster« von »Wir sind Helden«

Zur Erinnerung: Im Februar 2013 kochte in den deutschsprachigen Medien eine Sexismus-Debatte hoch, die ein Artikel der 29-jährigen »Stern«-Redakteurin Laura Himmelreich ausgelöst hatte. Himmelreich hatte ein Jahr zuvor eine berufsbedingte Begegnung mit der »Lichtgestalt der FDP« Rainer Brüderle, Jahrgang 1945, gehabt, die in einer plumpen Anmache seitens des Politikers geendet hatte. Bis heute konnte nicht geklärt werden, warum Frau Himmelreich, die ja schließlich auch kein Teenager mehr war und auch keine unterbezahlte, alleinerziehende Servierkraft, sondern ein auflagenstarkes Magazin im Rücken hatte, mit der Anklagepolemik so lange zugewartet hatte und den Zoten-Knacker und Dirndl-Fetischisten nicht stehenden Fußes an der Bartheke jenes Stuttgarter Hotels in die Schranken gewiesen oder mit Salzbrezeln geschlagen hatte. Plötzlich waren nahezu alle Frauen der westlichen Hemisphäre begrabscht, unsittlich berührt worden oder hatten das Gegenteil von einvernehmlichem Sex erfahren müssen. Unter dem Hashtag »Aufschrei«, den zwei junge Bloggerinnen eingerichtet hatten, entledigten sich Tausende Frauen der traumatisierenden Teile ihrer Biografie. Ganz plötzlich war es in Mode gekommen, Opfer zu sein. Ich konnte da nicht mit aufschreien. Wir waren doch schon viel weiter gewesen. Ich empfand es stellvertretend als entwürdigend, dass Frauen von Bildung und Status sich plötzlich freiwillig in diesem Hascherl-Winkel verkrochen und sich kollektiv zum Objekt deklarierten. Ich wollte nicht mit dem Hashtag Wehrlosigkeit versehen sein.

Klar, auch ich hatte in meinen Anfangsjahren als Journalistin unangenehme Begegnungen dieser Art erlebt: den Staatskünstler, der mich zum Interview in seine Wohnung lud und mich mit nur einem roten Seidenkimono bekleidet und in sichtbarer Vorfreude an der Tür empfing; den Zeitungsverleger, der mir ein Volontariat mit einem eindeutigen Angebot in Aussicht stellte. Aber ich besaß auch in meinen Zwanzigern das Selbstvertrauen, all diesen Typen zu kommunizieren, dass das Angebote waren, die ich lieber ablehnen wollte. Danke, Mama, auch dafür.

Als Polly Adler schrieb ich auf dem Siedepunkt der Brüderle-Empörung die folgende Kolumne:

* * *

Skandal! Angeschickerte Polit-Säcke flirten junge Frauen an und vergreifen sich direkt proportional zu ihrer Promille-Kurve im Ton. Die Sexismus-Debatte um den FDP-Vorsitzenden Rainer Brüderle in Deutschland lässt wieder viele selbsternannte Ethik-Kommissionäre die Sexismus-Sorgenfalten runzeln. Und was ist sonst noch neu? Dass der Bär in den Wald scheißt? Und der Papst gerne rote Schuhe trägt? Natürlich: Ich bin dafür, dass die Welt sich empört, wenn Zimmermädchen, die sich nicht wehren können, weil sie Angst um ihren Job und vor der Macht haben (selbst wenn die nur einen Bademantel anhat) tätlich angegriffen werden. Die sozial Schwachen und wirtschaftlich Abhängigen sind unter allen Umständen zu schützen. Aber, bitte um Vergebung, Frauen einer gewissen Bildungsschicht, denen durch ihren Job auch eine Form von Macht verliehen ist, müssen sich nicht freiwillig in den Geruch des Opfers begeben. Sie haben die Möglichkeiten, diese verschwitzten Baggeranten zur Raison zu pfeifen. Und zwar vor Ort und nicht erst Monate später. Es kann doch nicht so schwierig sein, als Redakteurin eines auflagenstarken Blatts einem personifizierten Herrenwitz klar zu machen, dass man von ihm vor allem eines nicht wissen möchte: dass er im Besitz eines Unterleibs ist. Schließlich leben wir nicht mehr in der Welt von Arthur Schnitzler und auch das Frauenbild der Serie »Mad Men« hat sich inzwischen überholt. Also, liebe Tugend-Cops! Ich bin voll des Enthusiasmus, wenn nicht sogar gerührt angesichts eurer Bereitwilligkeit, auf jene Typen, die sich Frauen gegenüber daneben benehmen, Treibjagden zu veranstalten. Ich gehe davon aus, dass ihr euch als nächstes um die 800 Millionen Männer kümmert, von denen man in den letzten Wochen Ähnliches gehört hat ...

In tiefer Dankbarkeit

Eure *Polly Adler!* ...

P. S: War eben in einem Prater-Lokal. Dort reagierte eine beherzte Serviererin auf die tief gelegte Anmache eines Betrunkenen mit den schönen Worten:»Geh, waßt was, hol dir einfach mit der Pinzett'n an owe!« Und Ruhe war im Karton.

Übersetzung für Nicht-Ösis:»Weißt du was, hol dir doch einfach mit der Pinzette einen runter.«

* * *

Rainer Brüderle musste für seine verschwitzten Sexismus-Scherze an einer Hotelbar bitter bezahlen: Nach dem wochenlangen Mediengetrommel gegen die Herrenwitz-Figur flog seine Partei bei den Wahlen im Herbst 2013 aus dem Bundestag. Seine Karriere war ohnehin längst ein Trümmerhaufen. Mitleid? Nein, aber der Absturz und die vorangegangene Hetzjagd standen in keinem Verhältnis zu der – ja natürlich – total geschmacklosen, frauenverachtenden und saudummen Entgleisung. Doch Männer, die wie Brüderle ticken, sind altersbedingt sowieso im Aussterben begriffen.

Der »brünftige Schimpanse« DSK

Der letzte »globale« Aufschrei in diese Richtung lag drei Jahre zurück: Die Anklage gegen den Chef des internationalen Währungsfonds, Dominique Strauss-Kahn, dem von der US-Justiz versuchte Vergewaltigung, sexuelle Nötigung, Freiheitsberaubung und Körperverletzung angelastet worden waren, stellte über Monate das Themendynamit aller Medien und jeder Dinnergesellschaft. Im schlimmsten Fall drohten dem damaligen Wunschkandidaten der französischen Sozialisten 25 Jahre Haft. Doch Strauss-Kahn, 65, sollte, wider alle Erwartungen, juristisch ungeschoren davonkommen.

Das Opfer und die Klägerin, ein 32-jähriges Zimmermädchen des New Yorker »Sofitel«-Hotels, das vor neun Jahren aus Guinea in die USA eingewandert war, wurde vom Anwaltsteam des »Caviar gauche«-Proponenten so auseinandergenommen, dass nichts von ihr übrig blieb. Jeden Winkel ihrer Biografie leuchtete die Advokatentruppe so aus, dass ihre Glaubwürdigkeit am Ende unter lautem Getöse und vor den Augen der Welt zusammenbrach wie ein Kartenhaus.

Schon bei ihrem Asylantrag hatte, wie sich herausstellte, die alleinerziehende Mutter gelogen, dass sich die Balken bogen. Weiters stand sie unter Verdacht, in Geldwäsche und Drogenschmuggel involviert zu sein. Sie hatte an jenem fatalen 14. Mai 2011 auch nachweislich ein Telefonat mit einem wegen Drogendealens sitzenden Haftinsassen geführt, das sich um die Frage »wie man aus diesem Franzosen Geld machen könne« drehte.

»Ganz Paris amüsiert sich über die Blamage des amerikanischen Justizsystems«, erklärte mir damals die französische Journalistin und Skandalautorin (»Das sexuelle Leben der Catherine M.«) Catherine Millet bei einem Telefonat für »profil« anlässlich des Freispruchs von DSK, »die tendenziöse Presse war ja ganz verliebt in dieses feministische Cinderella-Märchen vom schwachen, wehrlosen Zimmermädchen, das einen Mann der Macht in die Knie zwingt.«

Millet, die in Frankreich zu einer der reputiertesten Intellektuellen gehört, ging in ihrer Verteidigung sogar noch einen radikalen Schritt weiter. Man müsse den Frauen ein für alle Mal erklären, dass »eine Vergewaltigung nichts ist, wobei man zu Tode kommt.«

»Sie wollen jetzt allen Ernstes den Frauen sagen: Habt euch doch nicht so! Ihr wurdet doch nur vergewaltigt?«, fragte ich sie.

»Eine Vergewaltigung ist natürlich eine moralische Verletzung. Aber man kann danach aufstehen, sich waschen und sein Leben wieder aufnehmen.«

Sie lebe eben »im Geist der sexuellen Freiheit«: »Das ist aber ein Spiel, in dem es auch Regeln gibt. Und diese Regeln werden unter den sexuellen Freigeistern auch eingehalten.«

Millet atmet den Geist der 68er-Bewegung. 2001 hatte sie die Öffentlichkeit schockiert, als sie ihre sexuellen Memoiren

»Das sexuelle Leben der Catherine M.« publizierte, in denen sie ihr Lebensmotto »bumsen ist wie atmen« anschaulich dokumentierte. Wenn sie in unserem Gespräch von einem »neuen sexuellen Faschismus« redet, der gegenüber Männern wie Strauss-Kahn oder dem Wikileaks-Gründer Julian Assange angewandt wird, dann muss man ihr Recht geben. Fühlt sich aber nicht gut dabei.

Denn der Drang der Instanz Öffentlichkeit, »mit moralischem Scheinwerfer jede Ecke menschlicher Intimität auszuleuchten« (Millet) hat natürlich auch etwas Beklemmendes und bedenkliche Begleiterscheinungen: Eine neue Welle des Puritanismus überschwemmt die zivilisierte Welt.

Wir bekommen von Ordnungshütern und Zuchtmeistern nicht nur erklärt, dass der Konsum von Nikotin, Alkohol und Schweinefleisch uns zu Losern macht, sondern auch genaue Instruktionen, wie man ethisch und moralisch korrekt zu verführen, zu begehren und zu lieben hat. Das geht zu weit. Und auch nicht wohl fühlt man sich dabei, dass Frauen im Zuge dieser Debatten in zwei Lager aufgespalten werden: die erbarmungswürdigen Opfer und Hascherln, für die eine Art Artenschutz mobilisiert werden muss, und die autonomen und selbstbestimmten Frauen, die sich bereits vor Ort entsprechend zu wehren wissen.

Wir sind wohl alle d'accord, dass Kaliber wie Bunga-Bunga-Silvio Berlusconi, »oral office«-Bill Clinton und DSK ihre Macht als Köder ausgeworfen haben, um rasch und problemlos ihre Libido an Frauen auszuleben, von denen sie kein Sternzeichen und nicht einmal eine Telefonnummer wissen wollen.

Das ist eine Form von Machtmissbrauch, den diese Männer, so die forensische Psychiaterin Heidi Kastner, weniger wegen der Lust an einer schnellen Nummer praktizieren: »Das sind meistens Menschentypen, die der festen Überzeugung sind, es sich immer richten zu können und dass die herkömmlichen Rahmenbedingungen für sie nicht gelten. Sie gehen davon aus, dass sie mit allem, was sie tun, auch irgendwie davonkommen.«

Für DSK sollte der Freispruch im Juli 2011 nur ein sehr befristetes Triumphgefühl bedeuten. Null Mitleid auch für ihn. Seine Karriere ist inzwischen eine Ruine; seine millionenschwere Ehefrau Anne Sinclair, die sich während des Prozesses mit Märtyrermiene fest an seiner Seite hielt, ist ihm abhanden gekommen. Und in der Öffentlichkeit ist der »brünftige Schimpanse«, wie die ebenfalls von ihm sexuell attackierte Journalistin Tristane Banon 2007 den Machtmenschen in einer Talkshow beschrieb, längst nur mehr zu einer traurigen Schießbudenfigur geschrumpft. Strauss-Kahn vertreibt sich seinen Lebensabend mit Klagen: gegen einen belgischen Bordellbetreiber, der sein Etablissement mit dem orgiastischen Namen DSKlub schmücken wollte, und gegen die Produzenten des Films »Welcome in New York« in der Regie von Abel Ferrara. In dem Streifen, bei dessen Cannes-Premiere im Mai 2014 die Zuschauer mit Viagra-Giveaways bestückt wurden, gibt Gérard Depardieu einen mächtigen und machtbesessenen Primaten, der sich brutal an der Hotelmaid vergreift und hinter Gittern landet. Alles bis zur perfidesten Form der Kenntlichkeit entstellt.

Und dennoch findet sich immer wieder eine um Dekaden jüngere Blondine, die sichtlich freiwillig und einvernehmlich angeschmiegt an den realen Strauss-Kahn in die Kameras lächelt.

Nach schief gelaufenem Sex: Menschenjagden

Dass die Zimmermädchen, Praktikantinnen, Fabriksarbeiterinnen, Kellnerinnen, Masseusen und Sekretärinnen dieser Erde – also all jene, die in einem direkten oder indirekten Abhängigkeitsverhältnis zum Aggressor stehen – per Gesetz zu schützen sind, sollte natürlich und nicht diskussionsfähig der fest zementierte moralische Konsens sein.

Doch Frauen sind nicht immer nur hilflose Opfer machtbesessener Egomanen. Manche verstehen diesen moralisch-puritanischen Klimawandel auch zu ihren Gunsten zu instrumentalisieren, wie die Ermittlungen gegen den australischen Whistleblower Julian Assange zeigten.

Wie in den – dem britischen »Guardian« zugespielten – Polizeiprotokollen nachzulesen war, hatten die beiden schwedischen Klägerinnnen, Anna Ardin, Veranstalterin eines Assange-Vortrags, und Sofia Wilen, Fotografin dieser Veranstaltung, den Mann im Zuge seines zehntägigen Aufenthalts in Schweden in ihre Wohnungen eingeladen, wo er auch jeweils nächtigte. Dass ihm ein Ruf als notorischer Womanizer vorauseilte, hatte beide Damen nicht davon abgehalten, mit ihrem Gast mehrfach und einvernehmlich zu schlafen und ihn danach nicht wutentbrannt vor die Tür zu setzen. Auch danach standen sie weiter in freundschaftlichem Kontakt mit ihrem angeblichen Vergewaltiger, gemeinsame Café- und Restaurantbesuche inklusive. Wenn man die Faktenlage sondiert, riecht die Causa verdammt nach einem Rachefeldzug von Frauen, deren Sprengsätze aus enttäuschten Erwartungen gemacht sind.

Die Verschwörungstheorien, die seit Assanges Festnahme 2011 in London kursieren, reichen von einem lesbischen Verhältnis der beiden Klägerinnen, die ihren Männerhass an dem Internet-Michael-Kohlhaas ausleben, bis hin zu einer strategisch geplanten Venusfalle seitens der schwedischen amerika-fürchtigen Sozialdemokraten, welche die Aktion als Liebesdienst an die in diplomatische Bredouillen geratene Supermacht gesetzt hatten.

Schützenhilfe kam im medialen Sturmfeuer von einer prominenten US-Feministin. Naomi Wolf schrieb ironisch-süffisant in ihrem Blog:»Als feministische Aktivistin bin ich voller Freude angesichts der Tatsache, dass auf Männer, die sich gegenüber Frauen wie narzisstisch gestörte Mistkerle verhalten, weltumspannende Hetzjagden veranstaltet werden!«

Bis zum Lektoratsschluss dieses Buches muss sich der 43-jährige Assange in der Londoner Botschaft von Ecuador verbarrikadieren. Eine Auslieferung nach Schweden könnte für ihn eine mehrjährige Haft bedeuten. Laut schwedischem Gesetz kann es bereits als»minder schwere Vergewaltigung« gelten, wenn sich eine Frau oder ein Mann»auf unpassende Weise ausgenutzt« fühlt.

Eine hohe öffentliche Sensibilisierung für geschlechtspolitische Schieflagen hat die Grenzen für Sexualdelikte gesetzlich so ausgeweitet, dass trotz einvernehmlichem Sex ein späteres Gefühl des Unwohlseins für eine Anzeige ausreicht. In dem Bewusstsein, von den Behörden ernst genommen zu werden und dass »jede Form von schiefgegangenem Sex irgendwie justiziabel wäre«, so die Polemik der»Süddeutschen Zeitung«, liegt die Hemmschwelle, Vorfälle zur Anzeige zu bringen, bei schwedischen Frauen demnach weitaus tiefer.

Das Schweigen der Opfer

Dass die mediale Aufbereitung prominenter Sexualprozesse abschreckend auf potenzielle Täter wirken und das Unrechtsbewusstsein für sexuelle Übergriffe schärfen könne, wird von Experten bezweifelt.

Der Wiener Psychologe Romeo Bissuti, der in der Hilfsorganisation »Weißer Ring« auch Täter betreut, empfindet die Intensität der diesbezüglichen medialen Berichterstattung als »sehr beunruhigend«: »Die anklagenden Frauen scheinen mir bereits im Vorfeld diffamiert zu werden. Eine derartige Berichterstattung könnte zukünftig viele Frauen abschrecken, Anzeige zu erstatten, und die Täter umso mehr bestärken.«

Scham- und auch partielle Schuldgefühle halten, so sind sich Fachleute einig, die meisten der weiblichen Opfer davon ab, Vergewaltigungen, vor allem von ihnen bekannten Tätern, zu melden. Bissuti geht davon aus, dass »maximal zehn Prozent aller sexuellen Straftaten zur Anzeige kommen, viele Frauen trauen sich nicht, weil sie Angst davor haben, als unglaubwürdig zu gelten«. Der Psychologe Jonni Brem vom Wiener Institut für forensische Therapie schätzt sogar, dass »nur zwei Prozent aller Sexualstraftäter wegen Vergewaltigungs-, Missbrauchs- und Nötigungsdelikten tatsächlich vor Gericht kommen«.

Nach einer EU-Studie im Rahmen des Kinder- und Frauenschutzprogramms »Daphne« werden in Österreich jährlich neun Vergewaltigungen pro 100.000 Einwohner angezeigt. In Schweden sind es dagegen 46,5. Sehr unwahrscheinlich, dass im hohen Norden fünfmal mehr Männern die Sicherungen durchbrennen und sie nicht mehr wissen wollen, was sie tun.

Der Weg zur Strafverfolgungsbehörde scheint also für österreichische Opfer ein weit größeres Hindernis zu präsentieren. »Die Toleranzschwelle bezüglich sexueller Übergriffe ist in Österreich sehr hoch«, so die Wiener Scheidungsanwältin Andrea Wukovits, »ich habe ganz selten erlebt, dass Frauen, die sexuelle Gewalt erlebt haben, in einem Scheidungsverfahren auch ernst genommen wurden.«

Gleichzeitig nehmen aber auch Verleumdungspraktiken, die den Vorwurf sexueller Gewalt zum Inhalt haben, bei Scheidungs- und Obsorgekämpfen zu. »Dass Frauen Männern Missbrauch der Kinder oder sexuelle Nötigung vorwerfen, ist ein wachsendes Phänomen«, so die steirische Scheidungsanwältin Karin Prutsch, »sie tun es aus Rache oder um Aufmerksamkeit zu erregen. Auf der anderen Seite schweigen viele echte Opfer aus Scham.« Womit das Dilemma der Bewusstseinsschärfung umrissen ist: Die echten Opfer wagen aus Schamgefühl kein Coming-out, und die, die sich rächen wollen, schwimmen auf der Welle mit und missbrauchen den Missbrauch.

Warum riskieren diese Männer alles?

Bleibt die Frage offen, warum die mächtigsten und reichsten Männer der Welt, die sich jede hochklassige Prostituierte diskret aufs Zimmer schleusen lassen könnten, mit ihren Sex-Eskapaden alles riskieren – Familie, Karriere, Reputation.

Warum ließ sich Arnold Schwarzenegger auf ein jahrelanges Verhältnis mit der Haushälterin ein, inklusive einer Liebesfrucht oder einem »Lovechild«, wie das nahezu rührend umgangssprachlich genannt wird, das ihn nicht nur Hunderte Millionen Euro kostete, sondern auch seine Familie und sein gesellschaftliches Ansehen – und der sich damit auch noch die geballte Ächtung des noch immer so mächtigen Kennedy-Clans auflud? Was trieb die ehemalige Hoffnung der US-Demokraten Anthony Weiner, dessen Nachname in englischer Aussprache zur Freude der Late-Talker wie ein Slangausdruck für das männliche Geschlechtsteil klingt, dazu, seiner Geliebten, einer Studentin in Seattle, ein Foto seiner Unterhose, unter der sich eine deutlich sichtbare Erektion abzeichnete, zu schicken? Ist Gott so sehr Feminist, dass er Weiner dazu brachte, bei der Aktion auf eine falsche Taste zu drücken und somit seiner 56.000 Followern zählenden Twitter-Gemeinde seine Unterleibs-Vorfreude mitzuteilen, womit er zur Lachnummer der Nation wurde?

»J'ai pété les plombs«, hat Strauss-Kahn wiederholt als Rechtfertigung für die versuchte Vergewaltigung der Journalistin Tristane Banon im Jahr 2002 geäußert, was übersetzt so viel heißt wie »Ich bin ausgerastet« oder »Ich war nicht bei mir«. »Ausrasten«, »nicht ich selbst sein«, »sich vergessen« sind immer wieder Umschreibungen, die im Zusammenhang mit sexuellen Gewalthandlungen als Entschuldigung oder Erklärung fallen. »Das ist ein völliger Blödsinn«, erklärt die Gerichtspsychiaterin Heidi Kastner, denn selbst in höchster Erregungsstufe wären Männer »nicht unzurechnungsfähig, sondern sehr wohl für ihre Handlungen zur Verantwortung zu ziehen«. Denn eine Erektion gebe nun einmal keinen Weg vor: »Der Satz, der dann oft als Entschuldigung ins Treffen geführt wird, ›Ich habe nicht mehr gewusst, was ich tue‹, ist Unfug. Unzurechnungsfähig ist ein Mensch nur, wenn er bewusstlos ist, schläft oder einen epileptischen Anfall hat.«

»Offensichtlich gehören Typen wie Strauss-Kahn zur Spezies der mächtigen Männer, die mit dem Nein einer Frau schlicht nicht zurechtkommen«, erklärt der Leiter der Wiener Männerberatung Jonni Brem. In Brems sozialtherapeutischem Programm werden derzeit rund 200 Sexualstraftäter, vor allem in der Nachbetreuung, behandelt. Rund zwei Drittel von ihnen kamen wegen Kinderpornografie oder Kindesmissbrauch vor Gericht, ein Drittel wegen sexueller Nötigung oder Vergewaltigung. Das Verhältnis ändert sich seit Jahren kaum. Den klassischen Typ des Vergewaltigers würde Brem unter seiner Klientel nicht festmachen können: »Wir haben sozial unfähige Männer, die keinen normalen Kontakt zu Frauen herstellen können und dann aus einer Frustration heraus zu Sexualstraftätern werden. Wir haben sadistisch veranlagte Männer, die in der Missbrauchssituation vor allem Macht und Kontrolle ausüben wollen und dabei eher rational als triebhaft agieren. Und wir haben Männer, die aus verschiedenen Gründen einen übersteigerten Sexualtrieb aufweisen.«

Eine Gemeinsamkeit lasse sich allerdings sehr wohl ausmachen:»Nur die wenigsten haben eine problematische Wahrnehmung von sich selbst – auch wenn sie ihre Tat als objektiv böse beurteilen können. Zwischen der Tat und dem eigenen Selbst wird radikal unterschieden.« Ein psychischer Mechanismus, der einen vor dem Blick in den eigenen Abgrund zu schützen scheint.

Aber was macht biedere Familienväter, die ihr Leben rein äußerlich unter Kontrolle zu haben scheinen, zu narzisstischen Machtmenschen, PR-hörige Politiker oder auch kirchliche Würdenträger immer wieder zu Triebtätern, denen die Sicherungen durchbrennen? Wann, wie und warum eskaliert das Begehren zur Gewalt? Wo ist die Grenze? Und wie diffus ist sie angelegt?

»Das Zeichen eines echten Gewalttäters ist, dass er Grenzen nicht respektiert«, erklärt mir die Psychoanalytikerin und Sexualforscherin Rotraud A. Perner. Männer seien gerade in dieser Hinsicht auch kulturell vorbelastet:»Sie haben ein Problem mit Grenzen, und zwar in beide Richtungen. Einerseits wird von ihnen kulturell erwartet, über Grenzen zu gehen und sich nach außen durchzusetzen, andererseits sollen sie ihre eigenen Grenzen geschlossen halten und niemand eindringen lassen.«

Viel weniger um Sex als um Macht, Dominanz und Kontrolle geht es bei sexuellem Missbrauch und Übergriffen innerhalb der Familie, am Arbeitsplatz oder in einer zufälligen Situation, so die Gerichtspsychiaterin Heidi Kastner. Wie in der Kirche wird auch in der Familie in Missbrauchs- und Gewaltfällen »Autorität mit Sexualität vermischt«, erzählt der bekannt liberale Wiener Dompfarrer Toni Faber.

Faber war auch der Zeremonienmeister des inzwischen verstorbenen Missbrauch-Kardinals Hans Hermann Groër gewesen. Wie viele Täter war Groër frei von jedem Unrechtsbewusstsein und konterte die Vorwürfe gegen ihn auch intern stets mit dem Satz: »Das kann doch alles nicht wahr sein.« In seinem konservativ-katholischen Verständnis kam nur der Koitus einem sexuellen Übergriff gleich, für alle erzwungenen Zuwendungen vor dieser Klippe besaß er kein Unrechtsbewusstsein und empfand sie – absurderweise, aber in seinem Universum logisch – als kein Vergehen.

Der Täter-Therapeut Jonni Brem hielte es für kontraproduktiv, gestörtes Sexualverhalten auf ausgetretene Schemata festzulegen: »Wir versuchen in der Therapie, unseren Patienten keine einfache Erklärung für ihr Verhalten anzubieten. Es ist nicht hilfreich, wenn sich ein Straftäter denkt: Aha, zu viel Testosteron. Oder: Klar, die Familiengeschichte. Wir versuchen, tiefer zu gehen und die dahinterliegenden Ursachen zu erkunden.«

Diese Art von Tiefenforschung gestaltet sich aber noch immer schwierig. Selbst für die weltbesten Experten. Martin Kafka, Psychiater an der Harvard Medical School und Spezialist für das Pathologische in der Sexualität, tappt auch noch im Dunklen: »Die kurze Antwort lautet: Wir wissen es nicht. Die längere Antwort umfasst ein vielfältiges Zusammenspiel von biologischen, biografischen und sozialen Umständen.«

Im Testosteron-Nirwana

Wie groß die Macht des Sexualtriebs sein kann, konnten US-Verhaltensforscher in Studien nachweisen – anhand von männlichen Ratten: In Laborversuchen reagierten die Tiere auch nach tagelangem Nahrungsentzug in erster Linie auf sexuelle Reize und erst danach auf Futter. Womit sich Bertolt Brechts Glaubensbekenntnis »Zuerst kommt das Fressen und dann die Moral« um ein vorangestelltes F-Wort erweitern lässt. Für Ratten und manche Männer scheint zu gelten, was Richard von Krafft-Ebing in seiner »Psychopathia Sexualis« 1886 geschrieben hat: »Diese krankhafte Sexualität ist eine fürchterliche Plage für ihr Opfer, das in ständiger Gefahr lebt, die Gesetze des Staates und die Moral zu verletzen oder seine Ehre zu verlieren oder gar sein Leben.«

Auf den durchschnittlichen Mann des 21. Jahrhunderts ist die Entschuldigung, dass die Zivilisations-Errungenschaften im Testosteron-Nirwana verloren gehen, wenn das Roomservice in Form einer schüchternen Hotelangestellten an der Tür klopft, nicht anzuwenden. Dafür hat er keine Ausreden. Ein aufrechter Schwanz – auch das ist ein Mythos, den es an dieser Stelle zu entkräften gilt – schickt das Hirn nicht postwendend in einen Dornröschen-Dämmerschlaf.

»Wenn das jemand behauptet, handelt es sich entweder um eine Schutzbehauptung oder um reine Autosuggestionen«, erklärt die Psychoanalytikerin und Gewaltexpertin Rotraud A. Perner: »Im Berufsalltag können sich Männer, und wenn sie noch so wütend sind, schließlich auch beherrschen. Aber wenn es um Sexualität geht, haben Männer eine andere Vorstellung davon, was es heißt, ein Mann zu sein. Uns wird medial das Bild des enthemmten, sexualisierten Mannes als Norm vorgespielt. Manche verwechseln das mit einer Anleitung für den Alltag.«

Dabei sind Männer gar nicht so, wie sie einen manchmal glauben machen wollen, wie Forscher des berühmten Kinsey Institutes in den Zehnerjahren herausgefunden haben: »Unsere Untersuchungsergebnisse bestätigen die Komplexität der männlichen sexuellen Reaktion.«

In einer Fokusgruppen-Studie hatte der Psychologe Erick Janssen Männer aus allen Altersgruppen zu ihrer Sexualität befragt. Mit dem erstaunlichen Ergebnis, dass vor allem das eigene, aber auch das Selbstvertrauen der Partnerin die sexuelle Erregung des Mannes bestimmt. Damit nicht genug: Auch die emotionale Verbindung zur Partnerin erwies sich in der Studie als zentraler Faktor.

Denkt der Mann also doch auch mit dem Herzen? Nun ja. Die New Yorker Anthropologin Helen Fisher hat in ihrem sexualwissenschaftlichen Standardwerk »Why We Love« beschrieben, dass nicht nur die Sexualität, sondern auch Liebe und Bindungsfähigkeit triebhaften Charakter haben und hormonell gesteuert werden. Sprich: Auch die wildesten Steinzeitmänner wollen ab und zu gerne einmal kuscheln.

Den rein biologistischen Blick auf die männliche Sexualität hält Rotraud A. Perner in jedem Fall verfremdend und zu kurz gefasst: »Unsere Hormontätigkeit ist nicht gottgegeben. Sie steht immer auch in Wechselwirkung zu den sozialen Gegebenheiten. Körperliche, sexuelle Erregung ist immer eine Reaktion. Und wie diese Reaktion aussieht, kann man selbst steuern. Zwischen dem Feuern der Wahrnehmungsneuronen und dem Feuern der Handlungsneuronen gibt es immer eine Lücke.«

Modekrankheit Sexsucht

Wenn es Männern nicht gelingt, diese Lücke mit Selbstreflexion und Unrechtsbewusstsein zu füllen, sind die Medien und Populärpsychologen sehr schnell mit der Diagnose Sexsucht zur Stelle. Zu ihren bekennenden Opfern zählen – unter vielen anderen – David Duchovny, Charlie Sheen, Michael Douglas und Golfgenie Tiger Woods, der sich nach seinen zahllosen Affären öffentlichkeitswirksam an den multimedialen Reuepranger stellte und sich in therapeutische Behandlung begab. Der Diagnose-Katalog der Weltgesundheitsorganisation WHO hat Sexsucht nicht als Erkrankung klassifiziert. In dem Manual ist lediglich die Möglichkeit eines »gesteigerten sexuellen Verlangens« verzeichnet. Ob diese Form des Verlangens als Suchterkrankung, Zwangsstörung oder Störung der Impulskontrolle klassifiziert werden sollte, bleibt auch unter Spezialisten bis heute umstritten. Der deutsche Psychiater und Psychotherapeut Kornelius Roth, Autor einer Monografie zum Thema, geht zwar von einer Suchtkomponente aus, schränkt aber ein:»Psychische, soziale und biologische Faktoren spielen bei der Entwicklung der Sucht eine Rolle. Auch bei der Sexsucht gibt es differenzierte Modelle, die den unterschiedlichen Einflussfaktoren und ihren Wechselwirkungen Rechnung tragen.«

Der prominente US-Suchtforscher Mark S. Gold wittert insbesondere in der Pornografie einen hohen Suchtfaktor:»Früher wurde Sucht durch Entzugserscheinungen definiert. In meiner frühen Arbeit konnte ich zeigen, dass Sucht vielmehr einem erworbenen Trieb entspricht.«

In diesem Sinne können, wie Gold zeigte, auch Glücksspiel, Essen, Shoppen und eben auch Sex Suchterkrankungen auslösen. Wenn das Suchtgen sich zu Wort meldet, kann es mit den verschiedensten und manchmal auch austauschbaren Suchtmitteln temporär ruhiggestellt werden.

Sexsucht gilt für manche Forscher auch nur als Phantom einer konservativen Propagandamaschinerie. Die Modekrankheit Sexsucht wäre der reaktionären Fraktion gerade recht gekommen. Denn Sex jenseits der Fortpflanzung galt für die ohnehin als moralisch verwerflich und gesellschaftlich zersetzend. Wenn die Haltlosigkeit jetzt noch mit dem Etikett »Krankheit« versehen wurde, passte das perfekt ins ideologische Konzept.

Das ist gar nicht so weit hergeholt: Die ersten Berichte von Sexsucht tauchten in den USA in den Fünfzigerjahren tatsächlich im Umfeld der von engstirniger Christlichkeit geprägten »Anonymen Alkoholiker« auf. Als Therapie propagieren die »Sex Addicts Anonymous« bis heute Enthaltsamkeit und das Zwölf-Schritte-Programm der Anonymen Selbsthilfegruppen. Wir kennen das aus Filmen: »Hallo. Mein Name ist K. und ich bin sexsüchtig.« – »Danke K, dass du deine Erfahrungen mit uns teilst.«

»Sexsucht ist längst eine Phrase geworden, die so missbräuchlich verwendet wird wie die Begriffe Burn-out oder Mobbing«, meint die Psychoanalytikerin Rotraud A. Perner, »das heißt nicht, dass es sie nicht gibt. Tatsächlich steckt hinter jedem Suchtverhalten eine depressive Störung. Eine Sexsucht entwickelt sich aus der Suche nach dem Kick und der Erregung. Der Depressive sucht einen Ausweg aus dem Energiemangel der Depression. Aber natürlich könnte dieser Ausweg auch ganz anders aussehen.«

Aus seiner Beratungspraxis kennt Jonni Brem viele Klienten, die in starker Abhängigkeit zu diesen Kick-Starts stehen: »Diese Männer sind nicht mit dem Gesetz direkt in Konflikt, aber sozial oft schwer auffällig. Da hat einer 7000 Porno-DVDs zu

Hause stehen, alle Darstellerinnen samt Karriereverlauf präsent und ist ausschließlich auf dieses Thema fixiert – durchaus auch parallel zu Partnerschaft und Familie. Ihr eigenes Verhalten kommt diesen Männern meistens gar nicht seltsam vor.«

Orgasmus-Theater für alle

Warum bei Männern Sexualität und ihr exzessives Ausleben weit mehr zum alles dominierenden Lebensinhalt werden kann als bei Frauen, erläutert Brem in einem »profil«-Interview so: »Sex ist für Männer oft mit einer übergroßen Bedeutung befrachtet. Es wird viel hineinprojiziert. Auch wenn der Job uninteressant ist, die Beziehung kriselt und das Leben keine Perspektive mehr aufweist, können Sex und Pornografie eine Art von ultimativer Erfüllung versprechen.«

Was die Gewaltbereitschaft generell betrifft, »steht das schwache Geschlecht den Männern um wenig nach«, geht Heidi Kastner mit dem Männerforscher Gerhard Amendt konform. »Frauen können genauso bösartig und grausam wie Männer sein«, ist die Gerichtspsychiaterin überzeugt, »allein ihre physisch begrenzteren Möglichkeiten verhindern, dass sie dabei so oft strafrechtlich belangt werden wie Männer. Ihre Methoden sind notgedrungen einfach nur subtiler.«

Die US-Psychologin Erin Cooper von der Temple University in Philadelphia enthüllte im Frühjahr 2014, dass selbst beim Orgasmus-Theater, einer Bühnenspielgruppe, die man bislang für ein weibliches Monopol gehalten hatte, auch Männer manchmal mitmachen. 25 Prozent aller Männer, so Cooper nach ihrer Untersuchung des Höhenschwindels bei beiden Geschlechtern, würden den kleinen Tod regelmäßig simulieren. Die Beweggründe dafür seien allerdings unterschiedlich.

Während Frauen sich eher aus fürsorglichen Gründen für den Show-Act entscheiden und ihrem Bettgefährten das Gefühl der Potenz vermitteln wollen, tendieren Männer zum Oh- und Ah-Theater, um die Sache schneller zum Abschluss zu bringen. »Das Spiel der Verführung ist innerhalb politisch korrekter Strukturen nicht lebbar«, konstatierte der slowenische Pop-Philosoph Slavoj Žižek, der als deklarierter Feind der »political correctness« gilt, in einer Rede, die er im Burgtheater hielt, »es deutet alles darauf hin, dass wir auf eine Welt zusteuern, die von Themen wie Belästigung und Angst vor dem anderen so besessen ist, dass schon die Öffnung, sich einer leidenschaftlichen Sex- oder Liebesaffäre auch nur hinzugeben, als zu gefährlich betrachtet wird.« Das ist eine wahrhaft deprimierende Aussicht.

Schließlich wollen wir alle nicht in einer Welt landen, in der man vor jedem einvernehmlichen Abendessen einen seitenlangen Vertrag vom potenziellen »Aggressor« zugemailt bekommt, in dem per Punkteprogramm festgesetzt wird, welche Körperpartien nach dem Verzehr der Crème brûlée in Berührungsbetrachtung kämen und wie viele solcher Mahlzeiten einem ersten Kuss vorangehen sollten.

Das wollen wir doch nicht wirklich, oder?

Methusalem-Papas
und Bergpuma-Damen

»Ich habe mir selbst so viel Infantilität bewahrt,
dass es mich nicht danach drängt, jemandem die Welt
zu erklären.«
WOLFGANG JOOP, *Designer*

»Mach dir keinen Kopf. Heute Abend wird alles
ganz locker. Aber trag bitte keine Jeans. Wir sind
schließlich keine Tiere.«
Maßregelung eines »Welpen« in der TV-Serie »Cougartown«

»Warum jagen Männer junge Frauen?«
»Weil sie Angst vor dem Tod haben.«
Dialog aus dem Film »Mondsüchtig«

Ibiza muss die Hölle sein. Vor allem, wenn man als quietsch-
fideler 55plus-Herr mit seiner Tochter und der neuen
Geliebten im Schlepptau auf die Insel sticht. Und ganz vor
allem, wenn die Neue sich altersmäßig nur unwesentlich
vom eigenen, 22-jährigen Kind unterscheidet.

»Hört einmal, Mädels, was haltet ihr von einer schönen
Wandertour durch das Bergland?«, will der aufgeräumte
Salz-&-Pfeffer-Patriarch beim ersten Vitamin-Smoothie von
seinen Begleiterinnen wissen.

»Hey, voll öd«, findet das eigene Fleisch und Blut, »gibt's
hier nicht auch so eine Art Nikki-Beach wie in Saint Tropez?
Dort geht was, Alter.«

»Die Obstschüssel deckt meinen Naturbedarf volle«, nölt
die Mätresse, »ich will in die Stadt zur Pareo-Sondierung.«

»Au ja! Pareos und Flip-Flops«, ist auch die Tochter ganz enflammiert, »lass uns zum Shoppen düsen!«

Und so begab es sich, dass ein Mann, der sich durch die Alterskategorie seiner Lebensabschnittspartnerin einen jugendlichen Anstrich verleihen wollte, ein bisschen mürbe aus der Wäsche sah. Besonders abends, wenn ihm die Mädels, aufgebrezelt wie Kim Kardashians Kammerzofen, einen Kuss auf die Stirn drückten, ein joviales »Bleib' uns bloß nicht zu lange auf!« hauchten und im Sauseschritt ins Schaumparty-getriebe düsten, während unser steiler Hecht den Abwasch zu Beethovens »Neunter« (angeblich ein Fräulein Leonore aus Grinzing) erledigte und ein wenig im neuen Daniel Kehlmann schmökerte. Richtig komisch wurde es aber dann, als unser Freund gegen sechs Uhr morgens eine Johnny-Depp-Variation eingerollt auf dem Sofa vorfand. Da war seine Stimmung alles andere als Smoothie. Denn diese Raubkopie von Depp hatte um die fünf Knutschflecken-Kontinente in der Halsgegend aufzuweisen.

Wer für unseren angegrauten Hengst jetzt als Urheber der Liebesmale das kleinere Übel verkörpert hätte, war leider bis dato nicht herauszufinden.   *Polly Adler*

* * *

Mitleid für Bruce Willis. Der Mann rast ja auf den Sechziger zu. In einer Friseur-Postille sah man ihn kürzlich zigfach abgebildet beim Spielen mit seiner 18 Monate alten Tochter. Herr Willis sah dabei sehr müde vom Leben aus. Das Glück in seinem Blick war überschaubar, der signalisierte nämlich: »Leute, ich habe die Natur zwar ausgetrickst, aber es ist, ganz unter uns, sauanstrengend.« Klar hatte man die Männer immer drum beneidet, dass sie im Spätherbst ihres Lebens zumindest simulieren konnten, dass das Leben gerade erst angefangen hatte. Nur: Die anfängliche Missgunst angesichts der steigenden Zahl von grauen Panthern, die in ihren Dritt-Familien alles gut machen wollen, worin sie bei den ersten Runden versagt haben, und die mit ihren turbogestylten Fortpflänzen Rummelplatz-Dienst schieben müssen, weicht zunehmend der Erleichterung. Denn auch jene Peter Paniks, die sich bemühen, ihren Reifungsprozess nur mit zu vielen bunten Bändchen am Handgelenk, Totenkopf-Gürteln und Frauen, die wie die kleinen Schwestern ihrer bereits erwachsenen Töchter aussehen, auszublenden, sind in Wahrheit mehr anrührend als sonst was.

Stellen wir uns einmal die Angelegenheit geschlechtsverdreht vor. Wie würde die Freizeitgestaltung mit so einem Welpenmann denn aussehen? Auf die Gocart-Bahn am Samstagnachmittag und abends zum Mexikaner auf ein paar saucoole Tacos, danach ein Gemeinschaftserlebnis in Form von lustigen Zigaretten und ein paar Runden »Grand Theft Auto V«, um ihn ein bisschen politisch sehr unkorrekt zum Mann zu machen?

Bleibt noch die Frage: Was finden diese Apfelbäckchen-Frauen an den alten Säcken?

»Hallo!?«, rügte mich M, »finanzielle Entspanntheit, Ankommen im Establishment, Sehnsucht nach dem verlorenen Vater!« Man kann von Glück reden, dass mein Vater uns nie verlassen hat und gerade einmal 20 Jahre älter ist als ich selbst. Und wenn mir der Fortpflanz einen klapprigen Enddreißiger in die Tür kippt, wird es Granada spielen.

Polly Adler

* * *

Unser Freund K war wieder einmal am Ende. Wie schon so oft. »Diesmal ist es wirklich aus, mein emotionaler Akku ist einfach nur mehr leer«, sagte er.

Wir mobilisierten all unsere Kräfte, um Anteilnahme – zumindest – vorzutäuschen. Es gelang uns nicht wirklich. Schließlich hatten wir diesen Satz in den letzten Monaten so oft gehört wie die Wettervorhersage.

»Vielleicht«, raffte F sich jetzt auf, »solltest du einmal in einer anderen Altersklasse dein Unglück versuchen.«

Mattheit war kein Ausdruck für seine Stimmlage: »Ich mag keine alten Frauen.«

»Aber zwischen 22 und der Generation Menopause ist doch noch Spielraum?«

»Mhmmm ...«

»Was versprichst du dir eigentlich von diesen blutjungen Frauen, die dir ständig erklären, was du für ein alter Sack bist und dass du den Staub küssen musst, damit sie ihren Luxusleib überhaupt in deine Greifweite lassen?«

»Idiotischerweise wahrscheinlich eine künstliche Verlängerung meiner ohnehin verschwundenen Jugend.«

Wir kicherten. Denn so grau, verzweifelt und weit jenseits seiner Jahre hatte K, ehe er im Würgegriff dieser erratisch hysterischen Medizinstudentin stand, eigentlich nie ausgesehen. Und tatsächlich, beim näheren Nachdenken gilt für alle Midlife-Männer, die sich Nymphen mit wenig Kilometern am Lebenstacho um den Bauch banden: Sie wirken neben ihrer jugendlichen Begleitung weitaus mitgenommener als notwendig. Das trifft natürlich auch für jene Cougar-Frauen zu, die ihre Toyboys so stolz wie die It-Bag der Saison am Arm baumeln haben und der Welt sagen wollen: »Hey, Leute – alle einmal herschauen. Mein Botox lebt! Und wie!«

K erwartete sich noch immer Trost.

»Respektiere deine Vergänglichkeit«, sagte F jetzt streng,
»und schlaf dich langsam hoch – in unsere Zielgruppe!«
Sein Enthusiasmus für diese Strategie der Vernunft war so
groß, dass man ein Mikroskop dafür gebraucht hätte.

Polly Adler

* * *

Bevor wir weiter in die Untiefe gehen, möchte ich Ihnen ein
paar Auszüge aus einem Telefonat unterjubeln, das ich mit dem
1926 geborenen »Playboy«-Gründer Hugh Hefner für »profil«
führte. Anlass des Gesprächs, das um drei Uhr nachts mittel-
europäische Zeit stattzufinden hatte, da der in Los Angeles lebende Hefner vor dem Nachmittag nicht vernehmungsfähig
ist, war das Erscheinen seiner sechsbändigen Autobiografie
zum 60. Geburtstag des Männermagazins »Playboy«.

Hugh Hefner behauptet, mit 2000 Frauen geschlafen zu haben. Seine nun dritte Ehefrau, Crystal Harris, ließ sich für einen Altersunterschied von 60 Jahren entsprechend abfinden
(530.000 Dollar für die Eheschließung, 330.000 Dollar für das
erste Ehejahr) und muss sich um ihre eigene Altersvorsor-
ge keine Sorgen mehr machen. Aus dem Ehealltag drang ans
Licht, dass Hugh selbst beim Sex seine Arbeitsuniform, die roten Seidenpyjamas, nie ablegt, was, wie Crystal findet, »wahrscheinlich ohnehin die viel bessere Idee ist«.

Inzwischen ist Hugh Hefner in der kollektiven Wahrnehmung als eine Art Lord Gaga abgespeichert, der Viagra wie sau-
re Drops einwirft und ständig umzwitschert wird von einem
Schwarm teilalphabetisierter Blondinen, die allesamt wie Vorzeigeexemplare aus einem genetischen Labor mit dem Pro-
duktionsziel »The All American Girl« wirken.

In der Reality-Show »The Girls of the Playboy Mansion«,
die 2010 eingestellt wurde, betrieb Hefner schonungslos die

Demontage seines eigenen Mythos, indem er sich bei seinen Kuschelorgien mit dem Bunny-Harem in einer schaurigen Villa, die wie eine Dependance der Addams-Family wirkt, vor die Kameras führen ließ.

Spätestens seither wirkt »Hef« weniger wie ein Sex-Potentat, der »die Träume aller amerikanischen Männer stellvertretend auslebt«, wie er sein Lebensmotto einmal beschrieb, sondern wie ein Lustgreis, der sich verzweifelt gegen die eigene Vergänglichkeit stemmt. Hugh Hefner ist ein lebender Anachronismus und verkörpert einerseits den Traum jedes Lastwagenfahrers, aber auch den Alptraum jeder Feministin.

Die irre Welt des Hugh Hefner

»Mister Hefner, was war der tollste Tag in Ihrem Leben?«

»Einer der größten war jener Tag, an dem Viagra zugelassen wurde – danach kommt schon der, an dem die Pille erfunden wurde. Noch dazu bekam ich meine erste Packung Viagra an meinem Geburtstag verschrieben. Über mein Sexleben kann sich niemand beschweren. Es ist noch immer sehr lebendig.«

»Angeblich können Sie die vielen Blondinen in der ›Playboy Mansion‹ gar nicht mehr auseinanderhalten.«

»Das ist eine Unterstellung. Natürlich kann ich das. Die haben ja alle ihre Eigenarten. Außerdem bin ich gut drauf. 1985 hatte ich einen Schlaganfall. Danach ging es mir einige Zeit wirklich schlecht. Aber das ist Gott sei Dank vorbei.«

»Wie hat man sich ein Leben mit einem Bunny-Harem vorzustellen? Gibt es da nicht ständig Zickenkriege?«

»Als ich sieben Freundinnen auf einmal hatte, kam das schon vor. Aber ich sage Ihnen eines: Eine Ehe zu führen kann anstrengender sein, als sieben Gefährtinnen auf einmal zu haben.«

»Ist Ihre Lieblingsfarbe blond?

»Ja, natürlich, aber ich habe auch mit Brünetten geschlafen. Meine allererste Frau, Mildred, eine Studienkollegin, die ich 1949 heiratete, war braunhaarig. Die Ehe dauerte sogar zehn Jahre – mehr oder weniger. Picasso hatte seine blaue Periode, und ich habe eben seit geraumer Zeit meine blonde Periode. Wahrscheinlich hat das auch mit meiner Jugend zu tun. In der Zeit, in der ich aufgewachsen bin, waren die blonden Bombshells wie Lana Turner oder Marilyn Monroe die dominierenden Frauengestalten.«

»Sie behaupten von sich, einer der wesentlichen Protagonisten der sexuellen Revolution zu sein.«

»Das bin ich auch. Ich habe den Menschen beigebracht, dass Sex nichts Schmutziges und Verwerfliches ist, sondern der Anfang von allem Sein, der Beginn der Zivilisation, der Ursprung des Lebens. Ohne Sex läuft nichts. Ich war und bin ein Befreier.«

»Sie haben aber vor allem den Mann befreit; die Frau ist in der ›Playboy‹-Philosophie nichts als ein schweigendes Lustobjekt.«

»Da bin ich mit Ihnen überhaupt nicht einer Meinung. Der Begriff ›Objekt‹ ist in diesem Zusammenhang irreführend. In Wahrheit ist das Objekt das Subjekt. Denn das Objekt hat die Macht, weil es begehrt wird und sich aussuchen kann, wem es seine Gunst zuwendet. Darin ist die Frau dem Mann überlegen. Außerdem hat die Frau den immensen Vorteil, dass sie sich nicht um eine Erektion Sorgen machen muss.«

»Dass Sexobjekte Macht besitzen, funktioniert vielleicht bei Frauen mit Starstatus wie Madonna, Pamela Anderson oder Kim Basinger, die allesamt nackt für ›Playboy‹ posierten.«

»Wir hatten nicht nur Stars. Stars waren eher die Ausnahme. Die Mission des ›Playboy‹ war es vor allem, die Schönheit des

Mädchens von nebenan zu feiern. Eines unserer ersten Play-mates war Janet Pilgrim, die als Sekretärin und Abonnenten-betreuerin in unserem Büro arbeitete. Das war damals eine Sensation. Wir wollten der Welt zeigen, dass Sexappeal nicht nur in Hollywood und in der Glamourwelt zu finden ist, son-dern auch im Büro oder im nächsten Drugstore. So haben wir normalen Mädchen eine Bühne gegeben und viel zur Emanzi-pation beigetragen.«

»Die Pharmaindustrie kümmert sich bis heute viel mehr um das sexuelle Wohlergehen der Männer. Es gibt nach wie vor kein Viagra-Pendant für Frauen.«

»Viagra nützt doch vor allem den Frauen, indem die Männer es nehmen. Aber ich möchte noch einmal auf Ihren Vorwurf zurückkommen, dass im ›Playboy‹ Frauen ausgebeutet wür-den. Das stimmt nicht: Wir haben uns sehr für die Befreiung der Frauen eingesetzt. Wir unterstützten in den 1960er-Jah-ren maßgeblich Masters und Johnson (Gynäkologe William Howell Masters und Psychologin Virginia Johnson, Anm.) und trugen damit viel zur Erforschung der Sexualität bei. Eine er-füllte, befreite Sexualität basiert auch auf Wissen und Bildung. Je mehr man über Sex weiß, desto erfreulicher, energetischer und erfüllender ist er.«

»Die völlige Enttabuisierung der Sexualität hat auch zu ei-nem Libido-Verlust geführt, wie die Statistiken beweisen. Es wird viel mehr über Sex geredet, als er dann auch vollzogen wird.«

»Nicht hier in Los Angeles, meine Liebe. Hier haben wir kei-ne Ahnung von diesen Statistiken, und alles läuft prächtig.«

»Als Sie den ›Playboy‹ 1953 gründeten, arbeiteten Sie immer in Pyjamas. Tragen Sie deswegen bis heute ständig welche?«

»Vielleicht, aber auch, weil sie so wahnsinnig bequem sind. Und außerdem: Ein Mann, der einen Pyjama trägt, wird schnel-

ler flachgelegt als einer, der einen Anzug trägt. Während wir
hier telefonieren, trage ich übrigens auch einen Pyjama.«
»Und? Hat es heute schon genützt?«
»Hahaha – darüber sollte man sich keine Sorgen machen.«
»Ich gehe davon aus, dass Sie keine Nachwuchsprobleme
haben.«
»Das ist richtig. Ich bekomme Bewerbungen aus der ganzen
Welt von Mädchen, die meine Freundinnen werden oder bei
uns in der ›Mansion‹ leben wollen. Und vor dem Anwesen ste-
hen auch jede Menge Mädchen.«
»Haben Sie Personal, das Ihnen bei der Vorauswahl hilft?«
»Nein, um Gottes willen. Das ist ein dermaßen heikler, de-
likater Job, den würde ich niemand anderem anvertrauen. Das
mache ich schon selbst. Mir ist ein gutes Herz wichtig, und
Humor.«
»Wie sieht es mit Intelligenz aus?«
»Oh, das hab ich ganz vergessen: Das natürlich auch.«
»Wo liegt Ihre Altersgrenze?«
»Ich würde sagen, so um die 30.«
»Das heißt, wenn die Mädchen diese Altersgrenze erreicht
haben, ist es Zeit auszuziehen?«
»Das ergibt sich meistens von selbst. Manche heiraten, be-
kommen Kinder. Schließlich lernen sie ja auch jede Menge in-
teressante Leute kennen. Ich will für alle meine Mädchen nur
das Beste.«
»Sie behaupten von sich, ein echter Romantiker zu sein.«
»Ich bin durch und durch romantisch. Aber ich kann mich
dabei ganz schlecht auf eine einzige Frau beschränken.«
»Haben Sie Angst vor dem Tod?«
»Eigentlich nicht ... wenn es im Paradies so zugeht wie bei
uns im ›Playboy Mansion‹!«

Ach und Weh im Elysée

Im Kapitalismus der Liebe zählt Jugend bei betagten Herren mehr denn je zum kräftigsten Kaufargument. Solche Konstellationen halten dann im Prominenten-Fach vor allem die Quoten und Auflagen schön warm. Was hat uns die »liaison dangereuse« des ansonsten so deprimierend farblosen Franzosen Hollande Anfang 2014 nicht erfreut. Und amüsiert. Endlich bekam der langweiligste Staatspräsident aller Zeiten einmal richtig Farbe und auch sowas wie Menschlichkeit. Schwäche in der richtigen Dosis ist ja auch, das wissen die Spin-Doktoren nur zu gut, ein durchaus heißes Eisen, um die Sympathie der Massen zu lukrieren.

Als François Hollande im Januar 2014 im dicht besetzten Pressesaal des Elysée-Palasts das Ende seines politischen Reformenschlafs demonstrieren wollte, kam er nicht sehr weit. Denn bereits die erste Frage bezog sich auf das turbulente Liebesleben des politisch so glücklosen Sozialisten. Hollandes Bäckchen röteten sich unter dem beigen Kleister, er versuchte vergeblich seiner Stimme zielorientierte Männlichkeit zu verleihen. In jedem Privatleben gebe es für die Menschen Prüfungen, lautete die Antwort, was durchaus auch zu schmerzhaften Momenten führen könne. Die »première dame«, Hollandes Lebensgefährtin Valérie Trierweiler, damals 49, hatte zu diesem Zeitpunkt keinen Bock mehr auf Schmerzen und Demütigungen. Mit dem Gefühl, »von einem TGV überrollt worden zu sein«, hatte sie sich in der Klinik ihres Vertrauens in einen mehrtägigen Tiefschlaf versetzen lassen. Man verstand sie. Keine Frau möchte per Twitter, Facebook oder Nachrichten dabei sein, wenn sie knallhart auf der Lebensgefährtinnen-Deponie entsorgt wird.

Wobei der Altersunterschied von 18 Jahren zwischen Hollande und seiner damals 41-jährigen »amour fou«, der Schau-

spielerin Julie Gayet, sich sogar noch innerhalb der geschmack-
lichen Verträglichkeit befand. Und man sich im Elysée-Palast
nach Mitterand, Chirac und Sarkozy ohnehin längst an pro-
miske Bewohner gewöhnt hatte. Zu französischen Staatsmän-
nern gehört eben Polygamie wie Alkoholverträglichkeit zu
Wiener Politikern.

»Was für ein lächerlicher Präsident«, lästerte Nicolas Sarkozy, der sich bekanntlich Plateauschuhe anfertigen ließ, um
neben seiner Carla nicht wie heiß gewaschen zu wirken, zufrieden angesichts der Eskapaden seines Amtsnachfolgers.
Denn auch dieser, der ansonsten so elendslangweilige Hollande, war mit vollem Speed in die Jugendwahn-Falle gerast, in
die Männer im Frühherbst ihres Lebens gerne schlittern. Und
da ist die Gefahr, zum Scherzartikel zu werden, oft nur einen
Kieselsteinwurf entfernt.

Monsieur Le Président ließ sich nämlich regelmäßig mit
flatternden Rockschößen und einem drolligen Helm auf dem
schütteren Haar per Motorroller von seinem Bodyguard ins
Kuschelparadies chauffieren. Offensichtlich trachtete er danach, seiner Geliebten schon bei der Anreise jugendliche Ver-
wegenheit zu signalisieren. Seine rührend tollpatschige Kör-
perhaltung zeigte, dass er sich in einer panzerfesten Staats-
Limo wesentlich wohler gefühlt hätte.

Graue Panther und »Zitronentörtchen«

»Das größte Übel an der Jugend ist, dass man nicht mehr da-
zugehört«, klagte Salvador Dalí. Doch im Jagdfieber auf junge Frauen ist altersadäquates Verhalten bei Männern ein – zumindest für sie – zu vernachlässigendes Kriterium und das
Sensorium für die eigene Peinlichkeit oft ausgehebelt.

»Kaum ist bei uns eine Blondine um die 40 im Bild«, so die Dokumentarfilmerin Elizabeth T. Spira, »melden sich alle Generationen. Auch Männer um die 70, denen das Gefühl für ihren eigenen Marktwert offensichtlich verlorengegangen ist.« Der Ankauf von Autos ohne Blechdach in frechen Farben oder schnittigen Zweirädern, Revitalisierungsprozesse in Form von himmelschreienden Haartönungen und das Tragen von Baseball-Käppis oder auch Bandanas, die den schwindenden Haaransatz kaschieren sollen, sind generell Indizien, die die daheimgebliebenen Ehefrauen von Mid- und Thirdlife-Krisen-Gefährdeten in einen Alarmzustand versetzen sollten. Mit an Sicherheit grenzender Wahrscheinlichkeit haben derartige Pimp-Kuren einen Grund, der erfrischend aussieht, stramme Brüste hat und bei der Trennung der »Spice Girls« gerade einmal in der Spätpubertät war. Das klingt nach Klischee. Natürlich! Aber das Furchtbare an Klischees ist, dass sie wegen der Häufigkeit des Auftretens entsprechender Verhaltensmuster überhaupt zu solchen werden.

In jener prekären Lebensphase, in der sich bei Männern der Verdacht auf ihre Endlichkeit zur narzisstisch kränkenden Gewissheit verdichtet hat und sie sich die Alles-oder-Nichts Frage »Das kann doch jetzt noch nicht alles gewesen sein?!« stellen, sprengen solche Peter Paniks gerne ihr bisheriges Idyllenkonzept in die Luft – ungeachtet der »casualities of war« in Form von langgedienten Ehefrauen, Kindern, Häme und Vermögensverlusten. Wir erinnern uns an Tony, den krisengeschüttelten Mafiaboss aus der Serie »The Sopranos«, dessen Sinnkatastrophe in der Überzeugung eskalierte, dass er »das Beste« längst hinter sich gelassen hatte.

Solche Tragikomödien kennt jeder aus seinem Bekanntenkreis. Angegraute Checker, die mit unverhohlenem Trophäenstolz ihre »Zitronentörtchen«, wie der Schriftsteller Tom

Wolfe die unverbrauchten Zweit- und Drittfrauen der New Yorker Wallstreet-Wölfe bezeichnete, durch die gesellschaftlichen Natternparcours paradieren, sieht man auf jeder Eventsause, bei Ausstellungseröffnungen und in den Restaurants, in denen um viel Geld wenig auf den Teller kommt. Und manchmal erschrickt man fast, wenn das Nachfolgemodell wie eine um zwei Jahrzehnte jüngere Raubkopie der Vorgängerin aussieht. Es ist ja auch einfach wirklich zu gruselig.

Was den erheblichen Erlebnisvorsprung des Mannes in solchen Beziehungen betrifft, häufen sich in den Domänen Macht, Politik, Geld und Glamour immer heftiger auseinanderklaffende Beispiele. Im Sekundentakt kredenzen uns »Bunte«, »Gala« und »Bild« neue Methusalem-Märchen. Die Bemerkenswertesten im schnellen Rücklauf: Denken wir noch einmal, kurz und möglichst schmerzfrei, an den 76-jährigen Dauergockel Silvio Berlusconi, dessen aktuelles Frühlingsgefühl 27 und damit 19 Jahre jünger als seine älteste Tochter ist. Oder der Anfang 2014 verstorbene Maximilian Schell, der im Sommer 2013 mit goldenen 82 Jahren die 35-jährige Soubrette Iva Mihanovic geheiratet hatte und von der »Bild«-Zeitung das Lob bekam, dass »er den Wagen noch selbst fuhr«.

Der Burg-Star und zweifache Großvater Klaus Maria Brandauer wurde im Frühjahr 2014 im Alter von 70 Jahren Vater eines Sohnes: Seine Ehefrau Natalie ist zwölf Jahre jünger als ihr Stiefsohn Christian. Wenn Brandauer in die Kameras grinst, scheint sein Blick zu sagen: »Ha! Seht nur her, ich habe die Natur noch einmal kräftig in die Schranken gewiesen!«

Den ehemaligen deutschen Vizekanzler Franz Müntefering und seine Frau Michelle trennen 30 Jahre. Ex-Außenminister Joschka Fischer hat Ehefrau Nummer fünf, Minu Barati, 32 Jahre voraus. In 10 bis 15 Jahren kann die Filmproduzentin Barati-Fischer, die dann sicher noch ein bisschen was erleben möchte, von Glück reden, wenn sie ihrem grauen Panther nur morgens die Pillenbox und das Blutdruckmessgerät reichen muss.

Wie solche Alterskluft-Lieben enden können, erzählt Anton Tschechow sehr genau in »Onkel Wanja«, wo ein Greis, im Burgtheater spielte ihn grandios der im Juli 2014 verstorbene Gert Voss, seine 27-jährige Frau langsam in die Lebensüberdrüssigkeit kippt. Da fällt auch der ergreifend entlarvende Satz der jungen Frau: »Einem alten Mummelgreise die Treue halten, die Stimme der Jugend und das lebendige Gefühl in sich unterdrücken – das ist einfach unmoralisch.«

Die Umwegrentabilität eines alten Lebenspartners zahlt sich für junge Frauen laut Studien nicht wirklich aus. Zumindest nicht in Währungseinheiten jenseits des materialistischen Alphabets. Ein Leben im ersten Geschwindigkeitsgang an der Seite eines erheblich älteren Mannes, das belegen die Statistiken, verkürzt die Lebenserwartung der Frau und lässt sie frühzeitig altern.

»Ich hasse solche Fummelopas«, ließ mich der Schlagersänger Udo Jürgens in einem unserer Interviews wissen, »das ist doch wirklich entwürdigend.«

Es war nicht unkomisch, diesen Satz aus seinem Mund zu hören. Der Mann ist über 70. Und wir kennen seine Biografie aus der bunten Presse.

Und auch hier schon wieder die totale Gerechtigkeits-Schieflage: Männer profitieren natürlich von solchen Jetzt-macht-mein-Leben-endlich-wieder-Sinn-ich-fühle-mich-so-agil-wie-nie-zuvor-Kombinationen; ihr Alterungsprozess durch Beziehungen mit jungen Frauen verzögert sich statistisch belegbar erheblich.

Deswegen ist Jugend sogar im 21. Jahrhundert und nach 60 Jahren des feministischen Kampfes um Partnerschaften auf Augenhöhe bei immer mehr betagten Männern im Kapitalismus der Liebe noch immer die heißeste Ware. Und das nicht nur in der gesellschaftlichen Belétage, wo die Herren im Gegenzug Finanzkraft, Ansehen, Ruhm und Macht zu bieten haben. Ich kenne einige Ehen aus dem gehobenen Mittelstand, wo Männer, die nicht gerade in das Genre der Retro-Saurier fallen, plötzlich ihr ganzes bisheriges Leben in die Luft sprengten und nur mit dem, was sie am Leib hatten, Haus und Hof verließen. »Hormone sind Fetzenschädeln«, seufzte eine Freundin angesichts einer solchen Tragödie in unserem nächsten Bekanntenkreis.

Dass Sozialhilfeempfänger es mit großer Wahrscheinlichkeit schwerer haben, sich eine um ein halbes Menschenleben jüngere Trophäenfrau zu angeln, werden selbst Hardcore-Feministinnen zugeben müssen.

So viel schöne innere Werte kann Bernie Ecclestone, geboren 1930, gar nicht haben, dass die weidenhohe und um fast 50 Jahre jüngere Brasilianerin Flávia Flosi ihm auch ohne seine Milliarden irgendwann das Speichelrinnsal aus dem Mundwinkel wischen wird.

»Männer mit Macht werden von allen Frauen umschwirrt, natürlich auch von den Jungen«, erklärte die französische Skandalautorin und Journalistin Catherine Millet, »ich habe eine Freundin, die nur mit Politikern schläft, weil sie dieser Besitz der Macht so richtig anmacht.« Auch das ist ein Indiz für die Retro-Reanimation. Auch das ist eine Form des »Schneewittchenfiebers«.

Im neuen Neandertal

Was treibt junge Frauen in solche rückwärtsgewandten Versorgeridyllen? Ein wie eine Seuche grassierender Vaterkomplex, genährt durch ein Aufwachsen ohne männliche Bezugspersonen und unter der Aufsicht von dauererschöpften, berufstätigen Solo-Müttern, die einfach keine Zeit hatten, ihre Töchter auf ein Podest zu heben und ihnen die entsprechende Schneewittchen-Behandlung zuteilwerden zu lassen?

Oder doch nur die Dreifaltigkeit Sicherheit, friedliche finanzielle Abhängigkeit und Ruhm? Die beiden ersten Faktoren waren beim genetischen Shopping schon für die Neandertalerinnen vor Millionen Jahren ausschlaggebend. Und irgendwie gilt bis heute das Darwin'sche Selektionsprinzip, dass das Primatenweibchen sich von jenem Affen am liebsten bespringen lässt, der die coolsten Reviergebiete für sich beansprucht hat.

Ja, wir durchschreiten gerade eine neuen Neandertal-Sohle und irren durch einen genderideologischen Jurassic Park. Denn auch die Handelspartnerschaft nach dem Motto »Tausche Unverbrauchtheit und Schönheit gegen Kapital und Ansehen« ist an und für sich ein Konstrukt aus der Steinzeit und im Tierreich besonders beliebt bei Primaten-Patriarchen, die sich gerne noch im Herbst ihres Lebens aus dem Rudel der eben gerade einmal geschlechtsreifen Artgenossinnen eine Last-Minute-Zeugungsgefährtin greifen, um noch einmal der Welt zu zeigen, wer hier den Sie-wissen-schon hat.

»Grauenhaft«, schüttelt sich der Modedesigner und Maler Wolfgang Joop (geboren 1944) bei einem Interview zu diesem neuen Paarungstrend befragt und sieht dabei auf das Mittelmeer aus seinem Apartment in Monte Carlo, »in Monaco sind diese Konstellationen an der Tagesordnung. Ich hatte nie das Bedürfnis nach einem wesentlich jüngeren Partner. Ich habe mir selbst so viel Infantilität bewahrt, dass es mich nicht danach drängt, jemandem die Welt zu erklären. Und ich möchte schon gar niemanden darum bitten müssen, mein Pfleger oder meine Pflegerin zu sein. Egal, ob Mann oder Frau: Ich will ein Gegenüber, das mich berühren will und nicht verachtet.«

In der Urgeschichte der Menschheit besaß das Paarungsprinzip älterer Mann und junge Frau auch seine evolutionsbiologische Rechtfertigung. Die Natur hat sich bei diesen Konstellationen etwas gedacht. Der Steinzeit-Mann war bei der Wahl seiner Zukünftigen vom Selektionskriterium der erfolgversprechendsten Gebärfähigkeit getragen, zusätzlich sollten die Frauen alt genug sein, um die Kinder autonom versorgen zu können, wenn er bei der Mammut-Jagd sein Leben lassen musste. Die Lebenserwartung eines Steinzeit-Papas überschritt jedoch in der Regel nicht das 33. Lebensjahr. Zu Prostataproblematiken und altersbedingten Spermamutationen, die laut neuesten Forschungen in statistisch relevantem Zusammenhang mit dem Auftreten von Autismus, Schizophrenie, einer verzögerten Auffassungsgabe und Depressionen bei den Kindern später Väter stehen, kam es da erst gar nicht. Ein Vater gilt nämlich in der Reproduktionsmedizin bereits ab 50 als alt. Doch davon wollen Last-Minute-Väter wie Niki Lauda, Klaus Maria Brandauer, Bruce Willis oder Fritz Wepper nichts wissen. Wepper gewann übrigens eine Klage gegen den Komiker Atze Schröder, der ihn auf RTL als Lustgreis verhöhnt hatte. Genauso verdrängen sie die hohe Wahrscheinlichkeit, dass sie die Maturafeierlichkeiten ihrer Kinder vielleicht mit dem Rollator besuchen müssen. Sie haben ja alle Hände voll damit zu tun, stolz zu sein – stolz über den Nachweis ihrer intakten Zeugungsfähigkeit, stolz darauf, die Natur übers Ohr gehauen und sich noch einmal gegen die eigene Vergänglichkeit gestemmt zu haben.

Und natürlich wollen diese Opa-Väter an ihrer Zweit- oder Drittfamilie alles wiedergutmachen, was sie an ihren früheren Fortpflänzen verbockt oder versäumt haben. Eine kalte

Realitätsdusche gibt es spätestens dann, wenn so ein Methusalem-Papi sein vierjähriges Kind vom Kindergarten einkassieren will und der von seinen entsetzten Spielgefährten die Frage gestellt kriegt:»Was?! Das ist dein Papi?«

Der Wiener Urologe und sechsfache Vater Ralf Herwig, der auch schon 70-Jährigen mittels Vitaminpräparaten zur unverhofften Vaterschaft verhalf, bringt für diese Opa-Väter kein Verständnis auf:»Ich habe mich schon bei der Geburt meines letzten Kindes mit 42 zu alt gefühlt. Diese Kinder werden ihre Väter nur mehr als welkende Greise sehen.« Polemischer Zusatz:»Aber immerhin haben sie die Chance, die Windelphase noch gemeinsam zu erleben.«

Unter Medizinern gilt die Faustregel, dass beide Elternteile gemeinsam bei der Zeugung nicht die Achtzig überschritten haben sollten. In den Spermienköpfen leidet die DNA ab der Altersgrenze 40 häufiger Schaden. Denn um neues Material zu produzieren, müssen sich die Stammzellen immer wieder teilen. Bei einem 50-jährigen Mann hat so eine Stammzelle schon 900 Teilungen hinter sich. Zum Vergleich: Ein rescher 25-jähriger Daddy hat im Schnitt 25 Mutationen hinter sich gebracht. Je öfter so ein Erbgut jedoch kopiert wird, desto größer wird die Fehleranfälligkeit für genetische Defekte.

Auch bei späteren psychischen Erkrankungen der Kinder dürfte das Alter der Väter eine erheblichere Rolle spielen als bisher angenommen. So zeigte eine israelische Studie, dass das Risiko, ein autistisches Kind zu bekommen, bei Vätern jenseits der 50 bei 5 zu 1000 liegt. Bei Schizophrenie und Depressionen wurden ähnliche Zusammenhänge konstatiert. Kinder von alten Vätern schnitten auch bei IQ-Messungen im Durchschnitt um 6 Punkte schlechter ab als die von jungen Zeugern.

Midlife-Mums

Man könnte es jetzt als Etappensieg des Feminismus verbuchen, dass auch Frauen in den letzten 20 Jahren ihre Reproduktionszeit verlängert haben. Dank der fortgeschrittenen Fertilitätsmedizin rollen immer mehr »Midlife«- oder »Delay«-Mums in ihren späten 40ern ihre Kinderwägen durch die Hochglanzmagazine. Mit mildem Glanz in den Augen lächelten im Wochentakt prominente 40plus-Mütter wie »Desperate Housewife« Marcia Cross, Madonna oder Cherie Blair in die Kameras und verkündeten, »wie erfüllend es denn nicht ist, in dieser Lebensphase noch einmal diesem Club beitreten zu dürfen.«

Und die Gesellschaft scheint noch einmal länger auf die Stopptaste der Natur gedrückt zu haben: Soraya Lewe-Tacke, Mutter des deutschen Popsterns Sarah Connor, gebar mit 50 Zwillinge. Die italienische Sängerin Gianna Nannini posierte im Alter von 54 trotzig-stolz mit nacktem Babybauch, das darüber hochgeschobene T-Shirt trug die Aufschrift »God Is A Woman«.

Die Message hinter der Inszenierung lautet: »Seht her! Auch wir können jetzt der Natur endlich den Mittelfinger zeigen!« Nanninis spätes Glück kam übrigens aus der Eprouvette einer Samenbank.

Sarah Jessica Parker begab sich mit 44 gar nicht mehr in die Gefahr, ihre »Size Zero«-Figur den Strapazen einer Schwangerschaft auszusetzen, und beauftragte eine Fortpflanzungs-Subunternehmerin mit dem Austragen ihrer Zwillinge. Die große Ungerechtigkeit, dass der 60plus-Methusalem-Papa fröhlich mit einem Bugaboo durch die Parkanlagen stolziert und durch sein Rentenalter naturgemäß seine Zweit- oder auch Drittfamilie viel intensiver genießen kann, schien dank der Entwicklung der pränatalen Diagnostik und der Fertilitätsmedizin nicht aus-, aber zumindest angeglichen. Die Tatsache, dass man sich den passenden Sperminator beim Online-Shopping in der Samenbank besorgen kann, versetzte der emanzipatorischen Freiheitsfantasie einen zusätzlichen Sidekick. Das Prinzip Midlife-Mum schien natürlich den Frauen, die ihre Karriere- und Familiengestaltung, beschwingt durch den »Women's Lib«-Wind der Siebzigerjahre, im Pendel-Verfahren erledigten, als verheißungsvolle Option für ihre Töchter. Waren sie doch in Dauerbegleitung von schlechtem Gewissen und dem Gefühl der Unzulänglichkeit gewesen. Den Zustand der Dauerschöpfung, die die Doppel- und Dreifachbelastung für die erste emanzipierte Generation mit sich brachte, hätten sie ihren Mädchen gerne erspart.

Die Töchter nahmen die neue Lebensplan-Anregung, der Welt ein bis zwei Beine auszureißen, ehe Familie auf der Erledigungsliste steht, gerne an: Das Durchschnittsalter für Erstgebärende hat sich in Österreich in den letzten 15 Jahren von 27 auf knapp 30 Jahre gesteigert. Inzwischen hat fast jedes fünfte Baby eine Mutter, die zwischen 35 und 45 Jahren alt ist.

Wobei hier schon die erste Märchenfalle zuschnappt: Die Freiheit der Entscheidung für ein Kind reduziert sich nämlich ab dem 40. Lebensjahr drastisch. Statistisch gesehen liegt die Wahrscheinlichkeit, mit über 40 Jahren ohne turbomedizinische Hilfe schwanger zu werden, bei unter zehn Prozent pro Monatszyklus, was mit dem reduzierten Vorrat an Eizellen und der Qualität des Eisprungs zu tun hat. Und auch die Reproduktionsmediziner können nur beschränkt Gott spielen: Während eine gesunde 38-Jährige noch mit 30-prozentiger Wahrscheinlichkeit künstlich befruchtet werden kann, sinkt ab 40 die Chance massiv, wie der Österreichische IVF-Papst Wilfried Feichtinger in einem »profil«-Interview erklärte.

Wie hochgradig seelisch belastend das Lotteriespiel der Fertilitätsmedizin für Frauen und Männer werden kann, weiß jeder, der derartige Prozeduren durchgemacht hat.

Der Glaube an die gesellschaftliche Wunschvorstellung, dass man die Natur jederzeit auszutricksen imstande ist, wird für manche der »Delay-Mums« zum schmerzhaften Reinfall. Denn die Grenzen von der gewollten zur ungewollten Kinderlosigkeit verschwimmen ab 40 weit häufiger als in den Jahren davor. Doch auch im Falle einer gelungenen Schwangerschaft sind die Risiken von Fehlgeburten und Komplikationen weit größer, als bisher öffentlich diskutiert wurde. In einem elfseitigen Essay der Fachpublikation »Journal für Reproduktionsmedizin und Endokrinologie« aus dem Jahr 2011 untersuchte ein Experten-Trio sämtliche Studien weltweit, die sich mit den Risiken der späten Mutterschaft auseinandersetzten. Die Lektüre des Artikels lässt einen deprimiert zurück: Frauen zwischen 40 und 44 Jahren haben eine doppelt so hohe Fehlgeburtenrate wie Mitzwanzigerinnen; die Fälle von Schwangerschaftsvergiftungen, die auch tödlich enden können, nehmen bei steigendem Alter zu; auch die Frühgeburtenrate steigert sich ab 35 steil, da die Durchblutungssituation der Plazenta bei späten Schwangerschaften nachweislich schlechter ist. Werdende Mütter ab 45 tragen laut dieser Analyse ein fast 50-fach erhöhtes Risiko, ein Kind mit Down-Syndrom zu bekommen.

Die pränatale Diagnostik ist zwar weit fortgeschritten – eine nicht invasive Untersuchung in Form eines Bluttest zur Erkennung von Trisomie 21 wurde 2012 zugelassen –, aber eine »hundertprozentige Fehlerfreiheit existiert nirgends«, so die Wiener Gynäkologin Katharina Schuchter, »manche Chromosomenstörungen werden auch von den Tests gar nicht erfasst.«

»Ich finde es gut, dass du das Thema aufgreifst«, erklärte mir meine Gynäkologin, »denn wenn wir das sagen, bekommen wir natürlich sofort wieder Gegenwind, dass wir die Frauen in ihren Möglichkeiten begrenzen wollen.«

Die Mütter von morgen haben ein Recht, über diese Dinge aufgeklärt werden. Sie bekommen damit auch die Möglichkeit, ihr Misstrauen gegen diese Alles-ist-jederzeit-möglich-Illusion zu sensibilisieren, ohne Gefahr zu laufen, wieder in eine sinistre Hausfrau- und Mutter-Ära zurück zu schlittern. Und nebenbei – oder eigentlich hauptsächlich – möge der Politik der nahezu fahrlässige Umgang mit Kindern, was Betreuung und Bildung betrifft, um die Ohren gehauen werden. Es ist ein Skandal, mit wie wenig Unterstützung berufstätige Mütter hierzulande rechnen können.

»Die ideale Mutter ist ohnehin eine Utopie«, entlässt uns die französische Starfeministin Elisabeth Badinter in die Imperfektion, »habt Mut zur Mittelmäßigkeit.«

Doch auch für nicht ideale Mütter wäre es generell einfach besser, wenn der Schuleintritt ihres Kindes nicht unbedingt mit ihrer Menopause und dem Pensionsantritt des dazugehörigen Vaters zusammenfallen würde. Von den Kindern ganz zu schweigen.

Ich bekam meine Tochter im Alter von 31. Wenn ich mir vorstelle, dass ich im Alter von 60 durch den Irrsinn eines pubertierenden Kindes hätte schippern müssen, werde ich schon beim bloßen Gedanken daran unendlich müde.

Pumafrauen und Toyboys

Im Sinne der Gleichstellungsdebatte ist es natürlich zu begrüßen, dass ältere, aber auch alte Frauen dieser Tage auch ohne Spott und Häme mit wesentlich jüngeren Männern an der Hand durch die Landschaft ziehen dürfen. Die Verhältnis-Schieflage zwischen den Geschlechtern ist nach wie vor gewaltig. 2005 wurde in Deutschland sogar eine Online-Dating-Agentur mit dem programmatischen Namen Altersvorsprung.de gegründet, die sich auf Jungbrunnen-Suche für ältere Semester spezialisiert hat.

Vor rund einem Jahrzehnt machte sich das Cougar-Phänomen breit. Cougar ist das englische Wort für Puma oder auch Berglöwe und bürgerte sich im erweiterten Sprachgebrauch als Bezeichnung für ältere Frauen ein, die Jagd auf junge Männer machen. Die Großmutter aller Cougars ist die heute britische Schauspielerin Joan Collins, geboren 1933, die 2002 den um 33 Jahre jüngeren Theatermanager Percy Gibson zu ihrem fünften Ehemann machte. Mit fortschreitendem Alter vergrößerte sich bei jedem ihrer neuen Ehemänner der Altersunterschied – das war offensichtlich Ehrensache.

ABC widmete dem Phänomen eine ganze Serie, wo die Endvierzigerin Courtney Cox ihre Panik über erschlaffendes Oberarmmaterial mit »Dates« zu bekämpfen suchte, die nur unwesentlich älter als ihr endpubertierender Sohn waren. Das seelische Botox in Form eines solchen Toyboys gehörte bald zum Fixinventar von Hollywood-Diven wie Demi Moore, Sharon Stone oder der damals 50-jährigen Madonna, die ihre Kurzliaison mit dem 23-jährigen brasilianischen Model/DJ/Was-auch-immer Jesus PR-strategisch mit dem Satz befeuerte: »Ich liebe junge Männer. Sie wissen zwar nicht, was sie tun, aber das können sie dafür die ganze Nacht!«

Täglich wird die Boulevardpresse seither mit neuen Romanzen aus dem Genre reifer Pumafrauen, die sich männliche »Cubs« (Welpen) gönnen, versorgt.

Die 1951 geborene Kathryn Bigelow, die erste Frau der Filmgeschichte, die einen Regie-Oscar bekam, konnte ihren Triumph mit ihrem 21 Jahre jüngeren Partner Marc Boal teilen. Die Schottin Tilda Swinton, auch schon über 50, ebenfalls Oscar-Preisträgerin und androgynes Pin-up der Intellektuellen, hat den »Cougarism« um die Facette der »Poly-Familie« bereichert. Während sie mit ihrem Toyboy, dem 18 Jahre jüngeren neuseeländischen Maler Sandro Kopp von Set zu Set tourt, hütet ihr Methusalem-Ehemann und Vater der gemeinsamen Zwillinge John Byrne, Jahrgang 1950, Herd und Nachwuchs in der schottischen Heimat.

»Wir verstehen uns alle prächtig und respektieren einander«, wird Swinton nicht müde, der Presse diese Facette eines Patchwork-Matriachats in den harmonischsten Farben zu schildern.

Inzwischen pflastern aber schon gebrochene Cougar-Herzen den medialen Boulevard. Jesus warf seiner berühmten Entwicklungshelferin Dreck hinterher, indem er die morgens ungeschminkte Madonna als traumatisierendes Schockerlebnis bezeichnete.

Demi Moore musste sogar wegen schweren Essstörungen und eruptiven Nervenzusammenbrüchen in eine Psychoklinik eingewiesen werden, als ihr der um 16 Jahre jüngere Ashton Kutcher mit einer altersadäquaten Dame durchbrannte, die ihn auch gleich zum Vater machte.

Das Glück der neuen Familie muss für Demi Moore, die so viel Zeit, Energie und Geld in die Konservierung ihres Äußeren investiert hat, der endgültige Dolchstoß gewesen sein.

Tja, kaum hat man diesen Rackern beigebracht, wie man im Restaurant richtig bestellt, einen BH mit souveräner Eleganz öffnet und dass eine Klitoris kein indischer Schmetterling ist, sondern ein Teil der weiblichen Anatomie, wollen sie das Erlernte auch schon wieder anderswo ausprobieren. Das Leben ist ja vor allem eines: wahnsinnig ungerecht.

Bei Lichte betrachtet, atmen auch solche radikalen Cougar-Konstellationen oft einen ähnlichen Geist wie die Alter-Mann-und-junge-Frau-Formationen. Sie sind zwischengeschlechtliche Handelspartnerschaften, emotionale Währungsunionen, in denen alte Frauen ihren gleichaltrigen Geschlechtsgenossen um nichts nachstehen.

Denn beide sind vom Trophäenstolz getrieben und wollen der Welt mitteilen:»Hey, ich sehe meine besten Jahre zwar inzwischen von der falschen Seite an, bin aber noch immer in der Lage, mir ein ordentliches Stück Frischfleisch zu schnappen.«

Kann das Liebe sein?

Hysterische Zwischenfälle und Jadestab-Sklavinnen

>»Bumsen ist wie atmen.«
>CATHERINE MILLET, *Autorin und Publizistin*

>»Es gefällt mir, wenn du mich anbettelst,
>Anastasia. Ich stöhne auf ...«
>E. L. JAMES, *»Fifty Shades of Grey«*

An sich glaubt man ja, dass die deutsche Schauspielerin Diane Kruger bereits in einer frisch gestärkten weißen Hemdbluse auf die Welt gekommen ist. In ihrer properen Blondheit wirkt die Frau wie eine Grace Kelly für saarländische Reihenhausbewohner, in deren Gedankenwelten wenig Platz für Geheimnisse ist. Erotik fleckenfrei. Als ich die Kruger unlängst nachts als abgeklärte Lederjacken-Kommissarin in der sehr düsteren TV-Serie »The Bridge« einsam an einer Bartheke stehen sah, wurde sie von einem Typen mit der semioriginellen Frage »Wollen Sie was trinken?« angebaggert. Sie schüttelte den Kopf. Der Mann wollte gerade von dannen trotten, als sie ihn scharf ansah und dann ganz un-Diane-Krugerisch sagte: »Hey, ich will nur nichts trinken. Aber wollen Sie mit mir schlafen?«

Wahrscheinlich fanden die Drehbuchautoren, dass diese Dialogsequenz einem »voll coolen« feministischen Befreiungsmanifest gleichkam. Hey, dachten sie sich wahrscheinlich, das ist gelebte Gleichberechtigung. Endlich dürfen sich Frauen so schlecht benehmen wie Männer, die in dieser Disziplin ein paar Jahrtausende Übungsvorsprung haben.»Diese erbärmliche, mit Blumensträußen und Theaterbesuchen vermischte Komödie nennt sich seiner Braut den Hof machen«, stöhnte schon der französische Philosoph Jean de la Bruyère im 17. Jahrhundert über den Wareneinsatz, den es braucht, um sich eine Frau »klarzumachen«. Die neueste Dating-App, die weltweit 600 Millionen Menschen benutzen, heißt »Tinder«. Dort gibt es zwei Möglichkeiten der sozialen Interaktion, wenn ein gegengeschlechtliches Bild aufpoppt: »Nein« oder »Ja«. Fleischmarkt 2.0. brutal, »Factime«-Begegnungen wären Attacke auf die Lebenszeit. Ich werde mir den Luxus erlauben, altmodisch zu sein. Erbärmliche Theater-mit-Blumen-Komödien sind und bleiben ganz meins. Das Leben ist doch sowieso schon real genug.

Polly Adler

* * *

Was ist die überraschendste Ansage, die eine Mutter, die weit über 80 ist, ihrem Sohn machen kann? Anderson Cooper, jener CNN-Moderator, der am verlässlichsten nicht lächelte, hat die Antwort. Vor einigen Jahren erklärte ihm seine damals 85-jährige Mutter Gloria Vanderbilt, die aus der legendären dysfunktionalen US-Milliardärsdynastie stammt, nonchalant: »Schätzchen, ich schreibe einen erotischen Roman.«

Das schmalbändige Werk in überdimensionaler Schriftgröße – wahrscheinlich damit sich das Lesevergnügen für ihre Altersgenossen leichter einstellt – nennt sich »Die Bienenkönigin« und ist pure Pornografie mit Hang zum Fünf-Sterne-Sadomasochismus. Plüschiger Kitsch, Masken-Orgien, hermetisch abgeriegelte S&M-Etablissements und die Lust am Leid, wie wir sie aus Stanley Kubricks Schnitzler-Verfilmung »Eyes Wide Shut« kennen, sind die Ingredienzien des pathostriefenden Bändchens, das New Yorks Park-Avenue-Elite nach seinem Erscheinen über Wochen beschäftigte.

Selbstredend sei alles nur »meiner Fantasie« entsprungen, erklärte die spätberufene Romancière mit »sehr hohen Backen«, wie die »New York Times« ihre Wangenimplantate nobel umschrieb, dem Zeitungsredakteur, aber »die Liebe hält mich bis heute jung«.

Gloria Vanderbilt ist die exzentrische Spitze einer Welle von betagten Damen, die sehr weit nach der Menopause sexuell aktiv sind und darüber auch noch berichten.

»Silver Sex«

Auch Österreich hat ein skurriles Beispiel in dieser Liga aufzuwarten: Die 1929 geborene und pensionierte Buchhändlerin Elfriede Vavrik schockierte die Öffentlichkeit mit ihrem literarischen Debüt »Nacktbadestrand«, in dem sie detailreich ihre sexuellen Erlebnisse nach der Aufgabe einer expliziten Ich-suche-einen-Mann-Annonce in ihren frühen Achtzigern beschrieb. Auch Sex mit der Handschaufel spielt darin keine unbedeutende Rolle. Durch die Details müssen Sie selbst durch. Dieses Lesevergnügen will ich niemandem versauen. Ursprünglich war das Buch als Autotherapie gegen eine altersbedingte Depression gedacht. Der Mut zur Tabulosigkeit sollte sich für die tabubrechende Seniorin lohnen: Vavrik landete einen Bestseller, tourte durch die deutsche Talklandschaft rauf und runter und schoss gleich nach »Nacktbadestrand« den Nachfolgeband »Badewannentag« nach, in dem sie wieder etwas romantischere Töne anschlug und das Eine wirklich nur mit einem vollführte. »Am Anfang dachte ich mir: Ich bin verrückt«, erzählt sie in einem Interview, »aber die Frauen waren begeistert. Vielleicht habe ich auch alten Leuten die Hemmungen genommen, über Sex zu reden.«

Dass Frauen der 55plus-Klasse nicht zwangsweise zu Trockengebieten werden müssen, sondern durchaus auch noch sexuelles Neuland entdecken können, ist ein sexuelles Novum, »das wir seit gut 15 Jahren verstärkt beobachten«, so der französische Sexualtherapeut Yves Ferroul, der das Sexualverhalten von über 300 Frauen mittels Tiefeninterviews akribisch untersuchte. Oft seien die männlichen Partner mit der Libido-Offensive ihrer Frauen dann überfordert: »In früheren Jahren war es oft umgekehrt. Da wollten die Männer häufiger als die Frauen die sexuelle Interaktion. Schieflagen des Begehrens sind in jeder Form in einer Partnerschaft belastend.«

Vor ein paar Jahren tourte ich mit der berühmtesten Sexualberaterin der Welt durch Wien. Ruth Westheimer, die es als Medienfigur »Dr. Ruth« zu einem globalen »Haushaltsartikel«, wie sie das nannte, gebracht hat, war damals über Achtzig und fegte wie ein Wirbelsturm durch die Stadt. Neben ihr sahen wir alle alt aus. Die Fotografin, der Verlagsbetreuer und ich. Westheimer war – naturgemäß – Spezialistin für das Sexualverhalten der älteren Generation. Vor Jahren hatte sie dem »Trend« den Ausdruck »Silver Sex« verpasst und darüber auch ein Buch geschrieben. Wir gingen in das Serotoninparadies Demel, die ehemalige k.u.k.-Zuckerbäckerei am Wiener Kohlmarkt, und kosteten uns fröhlich durch das Tortenangebot.

»Und?«, fragte ich sie, »Dr. Ruth, ist Essen der Sex des Alters, wie so oft behauptet wird?«

Sie hob den Zeigefinger und zog eine Grimasse: »Nein, meine Liebe. Weit gefehlt. Sex ist der Sex des Alters. Schreiben Sie das auf!«

»Aber ist es schlimm, wenn alte Menschen keinen Sex mehr mögen?«

»Ich fände es schade. Aber wenn es so ist, sollten sie wenigstens nicht aufhören, sich selbst körperlich zu mögen. Also hört mir zu: Hört nicht auf, euch selbst zu befriedigen! Ihr lauft dann mit einem besseren Schritt durchs Leben.«

Die Demelinerinnen hoben kurz etwas irritiert die Augenbrauen, denn Westheimer äußerte ihren Befehl in der entsprechenden Lautstärke.

Dr. Ruth, die als Kind aus Frankfurt über die Schweiz vor den Nazis nach Palästina flüchten konnte, während ihre gesamte Familie dem Holocaust zum Opfer fiel, findet prinzipiell, dass beim »Sex alles, auch wirklich alles erlaubt sein sollte, solange beide Betroffenen im Einvernehmen darüber sind und keine Kinder involviert sind«. Man mache sich prinzipiell keine Vorstellungen davon, auf welche Ideen Menschen kommen. Über eine Crèmeschnitte gebeugt, erzählt sie von ihren »Zwiebelring-Erotikern«: »Ich hatte ein Paar, das konnte besonders gut abheben, wenn sie ihm Zwiebelringe auf seinen erregten Penis warf. Ich fand das eigentlich sehr süß. Zwiebelring-Fetischismus ist total ok mit mir.«

Tödlich beim Sex sei nur diese Attitüde, »alles zerreden zu müssen«: »Das ist der größte Turn-off, wenn Männer und Frauen alles analysieren und bewerten wollen. Wenn mich wer fragt: ‚Wie geht's dir wirklich?‘, dann laufe ich schon und suche mir einen neuen Gesprächspartner.«

Penetration ist nicht verlässlich

Natürlich seien Frauen bei allem komplizierter – auch beim Sex. Auch wenn das viele Männer als anstrengend empfinden. Das Tolle am Judentum sei auch, dass es die Pflicht des Mannes ist, seine Frau zu befriedigen. Und das nicht nur am Freitagabend. Auch darüber hat sie ein Buch geschrieben.

Die Aktionskünstlerin Faith Kroll, optisch eine Art in die Jahre gekommene Punk-Pippi-Langstrumpf, bezeichnet sich selbst als »engagierte Exhibitionistin«. Sie wollte die Mythen über die Kompliziertheit der weiblichen Sexualität revidieren. Deswegen ließ sich die Amerikanerin von ihrem Freund Jim Marcus mit einem selbstgebastelten Vibrator verwöhnen, der aus einer elektrischen Säge und einem darauf montierten Gummipenis bestand. Und zwar bis zum Äußersten und vor Publikum. Die ganze Aktion passierte in einem bis zum letzten Platz gefüllten Hörsaal an der Northwestern University in Illinois, dauerte erstaunlicherweise nicht einmal zehn Minuten und kostete den Dekan beinahe den Kopf. Abgesehen davon, dass die Aktion, die im Rahmen eines Psychologie-Workshops über menschliche Verhaltensweisen stattgefunden hatte, um die Welt ging, half sie, eine trügerische These zu verbreiten: nämlich dass Frauen, was ihre Orgasmusfähigkeit betrifft, nahezu genauso linear funktionieren könnten wie Männer – wenn sie sich nur im Kopf frei machten. Nun ja, die Aktion war in ihrer Schrägheit drollig, aber natürlich irreführend. Der französische Sexualtherapeut Yves Ferroul ist sich nach der Auswertung seines umfangreichen Materials sicher: »Es stimmt, dass jede Frau zum Orgasmus kommen kann, egal, wie alt sie ist. Nur ist der Weg dorthin viel schwieriger als der des Mannes.«

Denn beim Mann wären »die Erektion und die Ejakulation seit der Pubertät ein automatischer Reflex«, bei der Frau ist der einzige physische Faktor »der Feuchtigkeitsgrad«. Eine Frau, die nicht in der Lage ist, sich selbst erfolgreich zu befriedigen, würde auch »kaum mit einem Mann zum Orgasmus kommen können«. Das Erkunden des eigenen Körpers, »die Fähigkeit, herauszufinden, welche Knöpfe sie drücken muss«, bildeten das Fundament für eine erfüllte weibliche Sexualität. Lustpillen wie ein Viagra-Pendant für die Frau hätten wenig Sinn: »Man kann zwar die Lubrikation damit in Gang setzen, aber das einzige wirklich wirksame Aphrodisiakum der Frau ist ihr Wille.«

Und jetzt die nicht ganz neue Nachricht: Die bloße Penetration ist, so Ferroul, mit Abstand die »unverlässlichste Methode, um eine Frau zum Höhepunkt zu bringen«. Nur sechs Prozent der befragten Frauen gaben an, mit dem klassischen Koitus zum Höhepunkt kommen: »Die Möglichkeiten einer Frau, zum Orgasmus zu kommen, sind so unterschiedlich wie ihre Persönlichkeiten. Es kann ihr unter der Dusche oder in der Gymnastikstunde passieren, sie kann auch ihren ersten Orgasmus erst mit über 60 haben.«

Aufruhr im »Muschiland«

So viel Schreiben über und Beschreiben von vaginalem oder klitoralem Orgasmus, Schamlippen und Peniskrümmungen, wie Frauen es in den letzten Jahren quer durch alle Generationen betrieben, war jedenfalls noch nie.

Im deutschsprachigen Raum machte die piepsstimmige VIVA-Moderatorin Charlotte Roche den ersten Schritt ins »Muschiland«, so der Stern. Anfang 2008 erschien ihr Debüt »Feuchtgebiete«, das sie mit dem legendären Satz »Seit ich denken kann, habe ich Hämorrhoiden« eröffnet, und das danach auch nicht viel besser wird. »Feuchtgebiete« wurde jedenfalls zum Millionenseller. Ich behaupte, es ist das meistgekaufte Buch, das nicht gelesen wurde. Der letzten zehn Jahre natürlich nur, denn auf dem unerreichbaren Platz in dieser Domäne steht die Bibel.

Ein paar Jährchen später ging es bei Roche weiter mit der Erforschung jener Dinge, die elegante Engländer unter dem Begriff »Way too much information« zusammenfassen. Es spielten auch Fadenwürmer mit. Nach der Lektüre von »Schoßgebete«, ebenfalls erstaunlicherweise ein Bestseller, dachte ich mir, dass der Dialog zwischen Roche und ihrem Verleger während der Entstehung dieses Buches sich in etwa so abgespielt haben muss:

»Charlotte, kommst du gut voran?«

»Geht so. Ich dachte, ich schreib diesmal mehr über meine Therapie und den Tod meiner Familie.«

»Okay ... klar ... Du kannst natürlich schreiben, worüber du willst. Da red ich dir als dein Verleger nix drein.«

»Danke, Marcel. Ich weiß das ganz doll zu schätzen. Das ist echt total lieb von dir.«

»Alles dein Ding, ganz klar. Aber du weißt natürlich, dass die Latte – hähä, das bitte nicht wörtlich nehmen – jetzt hoch liegt.«

»Klar, klar ...«

»Also ein bisschen Sex, eigentlich ein bisschen viel Sex sollte dann doch drinnen sein. Schließlich wollen wir die Leutchen doch nicht enttäuschen.«

»Jaja, nur ...«

»Nur was?«

»Ich meine, ich hab' das in ›Feuchtgebiete‹ doch schon alles durch die Mühle gedreht: Blasen, Analficken, eingeführte Sachen, mich voll bräsig auf dreckige Klobrillen setzen, von denen ich Scheiß-Vaginalinfektionen kriege. ... Was bleibt denn da noch?«

»Ach, Charlotte, entschuldige mal ... willst du das wirklich von mir hören? Ich meine, du bist doch hier die Elfriede Jelinek der MTV-Generation, ich bin bei der Veranstaltung doch nur der Rechenschieber.«

»Hey, wie oft noch, Marcel?! Das war VIVA.«

»Klar, klar. Und völlig egal. Hör zu: Du bist auch unsere Anaïs Nin des Postpostpostfeminismus. Da können sich die Hegemanns und die Kuttners sowas von warm anziehen. Du bist Deutschlands brillantes Fräulein Gaga, das in jenen Tabuzonen frech das Bein hebt, in denen noch keine von diesen untervögelten Befindlichkeits-Schreibtussis je überhaupt hingerochen hat ...«

»Wow, Marcel. So denkst du von mir?!«

»Ja natürlich ... aber das mit der Anaïs Gaga hat sich eigentlich unsere Werbeabteilung ausgedacht. Nach den 500.000 Vorbestellungen. 500.000! Da kann die kleine Walser sich schon warm anziehen. Also alles klar?«

»Mhmm ... nein, Schatz, auf gar keinen Fall, keine Bionade mehr, sondern nur Leitungswasser. Du willst doch nicht, dass nachts das Kariesmännchen kommt. Hallo, hörst du mich? Sonst gibt's kein Grünkern-Bärchen mehr!«

»Sprichst du mit mir?«

»Nein, mit meiner Tochter. Verfickt noch mal! Mich juckt es gerade so in meinem Popoloch. So richtig krass. Hast du schon einmal Fadenwürmer im Popo gehabt?«

»Nö, du. Nicht, dass ich wüsste ... «

»Ich schon, und zwar sauviele. Die wuseln und krabbeln durch mein Popoloch. Und dann sind die in meinem Kacka. Wenn ich auf die draufhau, dann sehen die aus wie zerdebschte Eiterpickel.«

»Prima, ganz prima!«

»Willst du mich verarschen?«

»Nein, natürlich nicht, aber schreib doch einfach mal so richtig frech und tabulos über die Fadenwürmer, die da so in deinem Popoloch wuseln.«

»Im Ernst? Glaubst du, das interessiert die Leute?«

»Und wie! Fadenwürmer sind deine neuen Hämorrhoiden. Mit den Fadenwürmern setzt du noch einmal voll einen drauf. Der volle Ekelschocker. Brillant! Da werden die alten Feuilleton-Säcke ausrasten, aber komplett! Charlotte, ich tippe 2,5 Millionen ... aber locker ... Das ist das ›Eat Pray Love‹ für die radikale, die denkende und schrankenlose Frau ... Das wird unsere Himmelfahrt, Charlotte ... Ich meine, die Filmrechte sind hier nur mehr eine Frage der Zeit. Wenn das kein Bombencomeback für Winona Ryder werden könnte!«

»Ich wollte aber zuallererst mehr über Trauer und Tod ...«

»Natürlich, Charlotte, aber zuerst Fickificki, dann die Fadenwürmer, unsere neuen Freunde, und zwar in allen widerlichen Details ... fantastisch. Warum sind wir da eigentlich nicht früher draufgekommen?! Charlotte? Hallo? Haaallooo?«

Die Porno-Schickeria

Früher hatte Erotik aus der Feder von Frauen noch sehr viel mit Courage zu tun. Paris 1941. Ein Dollar pro Seite für eindeutige Erzählungen. Das ist der Tarif, den ihr auf Anonymität bestehender Auftraggeber per Mittelsmann in Aussicht stellte. Den Job hatte Anaïs Nin ihr langjähriger Geliebter Henry Miller vermittelt, der das Quantitätsbedürfnis des »alten Herrn« nicht mehr zufriedenzustellen vermochte. Aufgrund eines immer dichter werdenden »Netzes ökonomischer Schwierigkeiten« entschloss sich die in der Pariser Bohème fest integrierte Anaïs Nin, ein Genreterrain zu betreten, das »jahrhundertelang« eine Domäne der Männer dargestellt hatte: die literarische Enttabuisierung der Sexualität.

Anfangs neigte sie noch dazu, so Nin in ihren Tagebüchern, »die Geschlechtlichkeit mit Gefühlen zu orchestrieren und poetisch zu verbrämen«. Ein Anliegen, das sich jedoch bald als geschäftsstörend herausstellen sollte. »Der alte Herr ist sehr zufrieden«, lässt ihr der Mittelsmann ausrichten, »konzentrieren Sie sich aber auf den Sex. Lassen Sie den poetischen Firlefanz weg!«

Nin gehorchte. Anfangs. Dann kanalisierte sie ihre Wut in einen Brief an den unbekannten Auftraggeber: »Wir hassen Sie. Das Geschlechtliche verliert alle Macht und Magie, wenn es überdeutlich wird, übertrieben, mechanisch dargestellt, wenn es zur fixen Idee wird.« Erst 1976, ein Jahr vor ihrem Tod, wird Anaïs Nin diese Texte zur Veröffentlichung freigeben.

Paris zu Beginn des 21. Jahrhunderts. Von »poetischem Firlefanz« und jeglichen Schamgrenzen haben sich die Töchter und Enkelinnen von Anaïs Nin und Simone de Beauvoir, die 1949 mit »Das andere Geschlecht« »die Grenzen des Widerlichen«, so ihre Zeitgenossen, bei weitem überschritten hatte, längst befreit. De Beauvoir empfand den ihr damals zugeteilten Begriff »Pornografin« noch als Diffamierung, inzwischen gilt er im französischen Literaturbetrieb fast als Ehrentitel. Denn das Leben aus der Sicht der neuen französischen Literatinnen offenbart sich als Spielwiese ohne Verbotstafeln, wo nur ein Gesetz gilt – das Recht auf möglichst viele Orgasmen, ganz im Sinne des sexuellen Befreiungstheoretikers Wilhelm Reich.

Unter dem zündenden Schlagwort »Le chic porno« rollt die Literaturwelle expliziter Sexualität in Frankreich seit mehreren Jahren. Ihre ersten Protagonistinnen – wie die Ex-Prostituierte Virginie Despentes, Catherine Breillat, Christine Angot und Catherine Millet – sind dazu angetreten, die Barrieren zwischen Hardcore-Pornografie und erotischer Kunst niederzureißen.

Das Schlachtfeld des physischen Realismus aus weiblicher Sicht, wo »das Bumsen so eine Funktion wie das Atmen hat«, so Millet, hat sich längst als das lukrativste literarische Terrain erwiesen. »Mit Samenergüssen wird der Kreislauf des Geldes am Leben erhalten«, schreibt die Kulturkritikerin Marie Nimier in ihrer Bestandsaufnahme der Bewegung »La Nouvelle Pornographie«.

Die bei ihrem Debüt gerade einmal 20-jährige Pariser Philosophiestudentin Sarah, die zum Schutz ihrer Familie unter diesem Pseudonym agiert, bekennt sich in ihrem Orgasmus-Erstling »Ich bin gekommen« sogar rührend-naiv zur Mittelmäßigkeit: »Nun, da die Frauen kühner werden und ihre Geheimnisse enthüllen, will ich auf dieser Welle mitschwimmen. Ich weiß schon lang, dass ich die Lust liebe ... bis zum Wahnsinn.«

Der Rest des spätpubertären Vagina-Monologs enerviert durch einen »Trotzkopf trifft Justine«-Plauderton, in dem Penisse wahlweise als »leckere Bonbons« oder »hart wie Stein« beschrieben werden.

Will kommen!

Von solch poetischem Firlefanz will Ovidie, Philosophin und Pornostar mit Genrehang zur Strenge, nichts wissen. Ihr Literaturdebüt »Porno Manifesto« ist ein leidenschaftliches Bekenntnis zu »feministisch-politischen Pornos«, in denen auch schon mal Männer kopfüber im Zierfischaquarium versenkt werden. Ovidie radikalisiert die Ansage der US-Sexualforscherin Shere Hite, die »den Orgasmus als einzigen Machtbeweis für die Frau« definiert, zu dem Kampfschrei: »Ein Mädchen, das kommt, kann niemals unterdrückt werden.«

Dass die Ausweitung der weiblichen Kampfzone in eine bislang männliche Domäne von der Ideologie eines neuen, radikalen Feminismus bestimmt wird, darüber war sich Frankreichs weibliche Pornoschickeria einig. Mit dieser Art von pornografischem Diskurs wollte sie das Patriarchat mit dessen eigenen Waffen schlagen. Die schonungslose Darstellung und Beschreibung kopulierender Körper durfte nicht länger mehr ein männliches Privileg sein. So gesehen war diese Welle hochpolitisch.

»Meine Arbeiten«, so die Autorin und Regisseurin Virginie Despentes, die auch als Prostituierte gejobbt hat, »sind meine persönliche Rache für Jahrhunderte sexueller Unterdrückung der Frau.« Im Gespräch erzählte sie auch, dass sie als Prostituierte »immer sehr gut behandelt worden ist«, Demütigungen und miese Bedingungen fand sie immer nur in sogenannten »normalen Jobs«.

»Der Sex gehört aus dem Ghetto befreit«, erklärt Catherine Breillat, »aus dem Ghetto der Pornografie, die viel zu lang in männlicher Hand war. Meiner Würde geschieht nichts, wenn ich die Beine breit mache.« Aus diesem Kontext kann man auch Millets irritierendes Statement im Zusammenhang mit der Strauss-Kahn-Affäre begreifen: »Eine Vergewaltigung ist nichts, woran man stirbt.«

Madonna entpuppt sich rückblickend wieder einmal als Pionierin des Tabubruchs mit der Konsequenz weltweiter Aufmerksamkeit. Überführte sie doch bereits 1992 unter Aufgebot aller Schamlosigkeit die Schmuddelästhetik der Pornografie mit ihrem Bildband »Sex«, wo sie unter anderem nackt unter Doggen posierte, ins Kunstgenre. Im Vergleich zu ihren Mitstreiterinnen mutet Catherine Millet, angesehenes Mitglied der Pariser Intelligenzia und Herausgeberin des Kunstmagazins »Artpress«, nahezu leidenschaftslos und abgeklärt an. In ihrer Unterleibsautobiografie »Das sexuelle Leben der Catherine M.« schildert sie kalt, banal und emotionslos »einfach nur Ficken« in allen nur erdenklichen Variationen und an allen nur erdenklichen Schauplätzen – in Parks, Swingerclubs oder auf den Ladeflächen von Transportern. Die Männer der Catherine M. haben kein Gesicht und sind lakonisch-pragmatisch auf den Status von Phalli auf zwei Beinen reduziert.

Irgendwie müssten die Schriftsteller doch »auf die sexuelle Volksverblödung« reagieren, erklärt die Frontfrau der literarischen Schonungslosigkeit, deren literarisches Debüt sich in Frankreich 500.000-mal verkaufte. Schließlich werde einem in den Medien, so Millet, »ein manisches Erotikbild« vorgesetzt, an dem man zwangsläufig scheitern müsse. Romane wären da die geeignete Plattform, um Nacktheit, Sex und »diese hysterischen Zwischenfälle«, so ihr Synonym für den Orgasmus, zu ordnen. Wenn ich mich während des Akts im Spiegel sehe, sehe ich vollkommen ausdruckslose Züge«, befindet sie an einer Stelle des Buches.

Wie Michel Houellebecq, der mit »Elementarteilchen« Sexualität als vorrangig deprimierenden Tauschhandel analysierte, erweist sich Millet als Symptomträgerin der Katerstimmung, die die sexuelle Revolution ausgelöst hatte. Mit der Befreiung kam auch »die Tyrannei der Lust«, wie der französische Soziologe Jean-Claude Guillebaud in seinem gleichnamigen Buch anmerkt.

Das Schockerlebnis, das diese Schreibkräfte auslösten, hielt sich innerhalb Frankreichs in Grenzen. Schließlich hat die erotische Literatur mit politisch-subversivem Einschlag dort seit

Jahrhunderten Tradition. Rabelais, Baudelaire, Colette, de Sade, Apollinaire, Jarry oder de Beauvoir thematisierten das ekstatische Verlangen, die Reize des Verbotenen und die Lust an der Übertretung der Grenzen. Dazu kommt, dass die »grande nation« im Europavergleich auch im Alltag einen wesentlich freizügigeren Umgang mit der Sexualität pflegt. Während deutsche Frauen in einer Umfrage zu 80 Prozent angaben, Liebe sei die wichtigste Voraussetzung für Sex, nannten Französinnen »Begierde und Verlangen« als häufigste Initialzündung. Die Warnung vor der Eskalation kommt posthum just von der Ahnherrin feministischer Radikalität. 1976 sagte Simone de Beauvoir in einem Interview mit Alice Schwarzer: »Einerseits ist es richtig, dass Frauen sich ihres Körpers nicht mehr schämen, aber man darf keinen Wert daraus machen. Man darf nicht glauben, der weibliche Körper eröffne einem eine neue Vision der Welt. Das ist lächerlich und absurd und hieße, daraus einen Gegenpenis zu machen.«

Schneewittchen und der »schmutzige« Sex

Doch von solchen gedanklichen Konstrukten ist »Fifty Shades of Grey« weit entfernt. Der letzte erotische Megaseller, dessen Fangemeinde weltweit mit der Schnelligkeit eines Virus wuchs, ist eine S&M-Märchentrilogie und stammt aus der Tastatur der britischen TV-Produzentin Erika Leonard. Leonard veröffentlichte ihren Scoop unter dem Pseudonym E. L. James. Das Erfolgsrezept der strengen Märchen: trashige Romantik im Fahrwasser von Hedwig Courths-Mahler mit ein bisschen pseudocouragierter Schlüpfrigkeit zu verbinden.

Nicht umsonst ging der Überraschungserfolg in die Verlagsgeschichte unter dem Begriff »Mommy Porns« ein. Der Begriff war insofern doppeldeutig, als die zweifache Mutter von zwei Teenagersöhnen knapp 50 war, als sie sich der sexuellen Erweckung der 21-jährigen Ana bei dem emotional defizitären Jungunternehmer Christian Grey widmete. Denn so sauber wie hier war Pornografie noch nie. Hier trägt die Erotik ein adrett gebügeltes Schürzchen, hier ist nichts dreckig, kaputt und radikal, sondern alles mit Zierleisten umkränzt. Sätze wie »Der schöne Prinz enthüllte seinen Jadestab und sie spürte, wie sich Tau auf ihrer verborgenen Blüte sammelte«, oder »Sein Blick droht mich zu durchbohren. Diesem Mann möchte ich nicht wütend begegnen« bereiten einem eine Art von literarischem Sodbrennen. Denn de facto geht es in der Trilogie nur in zweiter Linie um Sex in all seinen Dominanz- und Unterwerfungsmöglichkeiten. Der Massenerfolg lässt sich ganz banal erklären. Natürlich hat »Shades« nicht in Millionen von braven Mittelstandsfrauen plötzlich deren geheimes Verlangen nach einer strengen Männerhand getriggert und die schlafende Masochistin in ihnen geweckt, sondern bedient vor allem die ganz konservativen Bedürfnisse nach Beziehungsmärchen, wie man sie von »Aschenputtel« bis zu »Pretty Woman« mit Julia Roberts kennt. Denn die »Shades«-Protagonistin Ana muss sich unter »schmerzvollen« Umständen der Vergangenheit ihres »schwarzen Ritters« stellen.

Im Finale des Romans rettet die Unschuld mit den schmutzigen Fantasien ihren neurotischen Herrscher aus dem psychopathologischen Gefängnis einer dramatischen Kindheit und setzt sich somit doch wieder das seelische Schwesternhäubchen auf.

Womit die ganze Story wieder auf ein Erlösungsmärchen hinausläuft, in dem die Prinzessin ihren Prinzen von einem bösen Fluch befreit.

Vielleicht ist uns Frauen ja wirklich nicht zu helfen – wir wollen solchen »poetischen Firlefanz«, wie die Mutter aller »kinky« Prosa Anaïs Nin seufzend festgestellt hatte, und sind nun einmal nicht mit dem handelsüblichen Pornomaterial auf Touren zu bringen.

Womit folgender Witz einen wahrhaftigen und ernsten Hintergrund besitzt. Frage: »Warum sehen sich Blondinen Pornofilme immer bis zum Schluss an?« – Antwort: »Weil sie immer hoffen, dass am Ende doch noch geheiratet wird.«

Tausend Rosen, Tante Hilde!

>»Für mich soll's rote Rosen regnen,
mir sollten sämtliche Wunder begegnen ...«
Liedtext von HILDEGARD KNEF

Mein Job als Journalistin wird meine Lebensdauer mit ziemlicher Sicherheit entscheidend verkürzen. Wenig Schlaf vor Mitternacht, Adrenalin-Dauerbeschuss, unregelmäßige Mahlzeiten, regelmäßiger Alkoholkonsum. Aber dafür hat er einen entscheidenden Vorteil: Nähe zu jenen Menschen, bei denen man sonst höchstens über den Gartenzaun lugen dürfte.

Eine dieser Begegnungen war jene mit Hildegard Knef, die ich ein paar Monate vor ihrem Tod in ihrer erstaunlich biederen, kleinen Wohnung in Berlin Zehlendorf besucht habe. Sie hatte keine Bilder von sich an den Wänden. Sie war kein Nostalgie-Junkie, sondern sah nach vorne, erst recht mit 76.

Stramm saß sie da, mit zusammengeschlagenen Hacken wie eine preußische Soldatin. Ihr dritter Mann, Paul von Schell, unauffälliges Gesicht, liebenswürdige Art, umschwebte sie mit fürsorglicher Zärtlichkeit, die ihr sichtlich einen Tick zu viel war. Sie hatte drei verschiedene Mineralwasser-Sorten vor sich stehen. Der so diszipliniert kaschierte Schwächezustand ihres Körpers schien die Knef weniger zu demütigen als zu langweilen.

Die Archivberge über die Knef lasen sich immer wie der Schundroman eines enthemmten Autors: Hymnen, Hollywood, Häme, Beziehungsruinen, Glamour, Brustkrebs, Medikamentensucht, Pleiten und Zusammenbrüche. Den Rock'n'Roll ihres Schicksals goss sie in Autobiografien und Chansons, jazzige

Lebensminiaturen voll trockener Poesie. Pathos war nicht ihres. Ihre Adresse war immer weit jenseits des Trampelpfads. Nach dem Zusammenbruch des NS-Regimes hatte sie sich in Männerkleidern durch das Nachkriegschaos geschlagen, die blonde Mähne unter einer Mütze versteckt, um den Vergewaltigungen der Russen zu entgehen. Für Willi Forsts »Die Sünderin« zog sie sich nackt aus und evozierte damit in den Fünfzigerjahren skandalisierte Empörung. Die »große Malerin des Desasters« hatte »Die Zeit« sie genannt. Ella Fitzgerald adelte sie als »weltbeste Sängerin ohne Stimme«. Hildegard Knef hatte ein Leben hinter sich gebracht, in dem über Emanzipation, Autonomie und Selbstbestimmung nicht nachgedacht wurde, all das lebte sie einfach.

»Frau Knef, angesichts Ihrer Biografie fragt man sich: Hat das Schicksal bei Ihnen nicht ein bisschen dick aufgetragen?«

»Ach ja, es war immer ein Wahnwitz zwischen warmem Bad und sehr kaltem Wasser. Nie nebulos, klein und schmächtig. In meinem Leben ging's immer sehr pompös zu – im guten wie im schlechten Sinn.«

»Die Öffentlichkeit interessierte sich aber immer mehr für Ihre Erkrankungen, Ehedramen und Pleiten als für Ihre künstlerischen Darbietungen ...«

»Daran gewöhnt man sich. Aber bitte: Keiner würde mit mir sprechen, wenn ich nur krank gewesen wäre. Ich habe immerhin mit ›Die Mörder sind unter uns‹ 1946 den ersten deutschen Nachkriegsfilm gemacht. Ich war mit Cole Porters ›Silk Stockings‹ 1956 die erste Deutsche am Broadway und bin es bis heute. Ich war die erste Frau, die ihre Chansons selbst textete. Ich habe Bücher geschrieben, die weltweit nicht nur von braven Hausfrauen gelesen, sondern unter anderem von Leuten wie Henry Miller anerkannt wurden.

»Andere Frauen in Ihrem Alter sitzen am Fenster, beobachten die Nachbarn und häkeln Deckchen.«

»Ich kann nicht häkeln. Aber was für ein grauenhafter Gedanke! Da würde ich vertrocknen wie eine Blume, die kein Wasser bekommt. Sehe ich aus, als ob ich welken möchte?«

»Haben Sie im Alter so was wie eine Milde für sich selbst entwickelt?«

»Nein. Ich bin bis heute unheimlich hart gegen mich selbst. Fragen Sie einmal meine Musiker, wie oft ich die Nummern für das neue Album gesungen habe. Weil ich wusste, dass ich das noch einen Zacken besser hinkriege. Ich sagte dann: ›Trinkt ihr mal euren Kaffee und lasst Tante Hilde nur machen.‹ Meine Chansons sind wie meine Kinder.«

»Den Tod haben Sie schon mehrmals aus nächster Nähe kennen gelernt. Sie sind bei der Geburt Ihrer Tochter beinahe gestorben, Sie haben den Brustkrebs überlebt.«

»Vielleicht wird man da dankbarer fürs Leben. Obwohl, so eine tränenduselige Dankbarkeit, das bin ich nicht. Vor dem Krebs hatte ich den schönsten Körper Europas. Das konnte man ja im Film ›Die Sünderin‹ eingehend betrachten – und dann eben nicht mehr. An dem war in 60 Operationen rumgesäbelt worden.«

»Mit der ›Sünderin‹ von Willi Forst setzten Sie einen historischen Akt: die erste Nacktszene im deutschen Nachkriegsfilm.«

»Ein wirklich hirnloses Melodram! Die Produzenten wurden mit dem Film reich und ich meschugge. Dauernd saßen irgendwelche verblödeten Buben im Kleiderschrank meiner Hotelzimmer, und wenn ich ein Restaurant betrat, verließen es die Leute reihenweise. ›Fritz, wir gehen‹, sagten da die Frauen zu ihren Ehemännern.«

»Waren Sie sich beim Dreh der Dimension Ihrer Tat bewusst?«

»Ich war völlig unbedarft. Der ehemalige UFA-Boss Erich Pommer hat damals völlig richtig gesagt: ›Bei Auschwitz hat keiner pardauz gesagt, und bei einem nackten Mädchen spielen sie alle verrückt.‹«

»Marlene Dietrich war über Jahrzehnte eine ihrer engsten Freundinnen. Warum war die Dietrich, eine ansonsten so kluge Zynikerin, im Alter so kleinlich mit ihrem Gesicht?«

»Da war sie völlig meschugge. Ich habe ihr gesagt, Marlene, deine Falten, das macht doch keinen Leierkasten zwischen uns. Kein Publikum der Welt ist das eigene Leben wert! Da blieb sie stur. Ich war in Paris im Plaza Athénée, genau gegenüber ihrer Wohnung. Sie ließ mich nicht rauf, stellen Sie sich vor. Wir telefonierten nur. Irgendwann hob sie die Hand hinter ihrem Vorhang, um mir ein Zeichen zu setzen, dass sie noch da war.«

»Als Prototyp einer emanzipierten Frau wehren Sie sich gegen den Begriff Emanze.«

»Ich hatte gar keine Zeit, um mich mit diesem Emanzipationszeug auseinanderzusetzen. Außerdem war ich immer abhängig von meinem Partner. Ich kann kein Ei kochen und eine Steuererklärung nicht von einem Kreuzworträtsel unterscheiden. In Gelddingen war ich stets sehr dämlich. Und im Alleinsein bin ich auch ganz schlecht. Aber es ist schön, dass Sie mich als emanzipiert sehen.«

»Warum ist die Sache zwischen Frauen und Männern noch immer so schwierig, kompliziert und anstrengend?«

»Der Geschlechter-Geschichte diesen Vereinsgedanken aufzuzwingen ist doch so dämlich, dass die Kuh schreit. Schließlich ist die Liebe keine Sportveranstaltung.«

Vielleicht ist das auch schon der Schlüsselsatz, um sich in Zukunft nicht weiter zu verheddern. Raus aus diesem Team-A-gegen-Team-B-Gedanken, wo sich die Mannschaften gegenseitig in buchhalterischem Kleingeist die Nachteile ihres Geschlechts aufrechnen: Pensionsalter, Stillzeiten, Wehrdienst, Unterhaltsverpflichtungen.

Die Diskurse in den Redaktionen kreisen schon wieder um idiotische Formalismen wie gendergerechte Sprachregelungen. Nein, ich fühle mich nicht diffamiert, wenn ich bei der Arbeiterkammer und nicht bei der Arbeiterinnenkammer anrufe. Ich bekäme ästhetische Ekelattacken, wenn ich Binnen-Is in meine Tastatur hacken müsste. Ich finde diese Art der Debatte unwürdig. Die ganze Thematik riecht nach Behindertenbonus.

Ich will einen Staat, der junge Frauen, auch wenn sie alleinstehend ist, nicht vor die Entweder-oder-Frage Kind oder Karriere stellt. Ich wünsche meiner Tochter und ihren Freundinnen Jungs, die keine Angst vor frechen Mädchen haben, sondern sie weitaus spannender als die anschmiegsamen, widerstandsfreien Exemplare finden. Ich finde Frauen, die freiwillig aus dem Erwerbskreislauf aussteigen, egal ob aus Überzeugung oder Bequemlichkeit, und sich in finanzielle Abhängigkeit begeben, langweilig. Und traurig.

Raus aus dem gläsernen Sarg. Auch wenn es dort schön warm und gemütlich ist. Und runter mit dem Schneewittchenfieber.

Verehrte Madame de Beauvoir, tut mir wirklich sehr leid, aber es ist noch immer nicht genug Tinte geflossen.

P.S.: Spätabends nach unserem Gespräch in Berlin rief die Knef mich an und lachte mit der schönsten Stimme Europas in den Hörer: »Kinderle, streichen Sie bitte das mit dem schönsten Körper Europas. Schreiben Sie lieber: ›Ich hatte *einen* der schönsten Körper Europas.‹ Sonst glauben die, dass Tante Hilde endgültig durchgedreht ist.«

Tausend Rosen, Tante Hilde!